死に至る病

セーレン・キェルケゴール
鈴木祐丞 訳

講談社学術文庫

目次

第二編 絶望は罪である

死に至る病

凡例

・翻訳の底本は、*SKS*（*Søren Kierkegaards Skrifter*, bd. 11, udg. af Niels Jørgen Cappelørn, Joakim Garff, Anne Mette Hansen og Johnny Kondrup, København: Søren Kierkegaard Forskningscenteret og G. E. C. Gads Forlag, s. 113-242, 2006）である。

・訳注は、特記がある場合をのぞき、すべて *SKS* K（*Søren Kierkegaards Skrifter*: Kommentarbind til Lilien paa Marken og Fuglen under Himlen, Tvende ethisk-religieuse Smaa-Afhandlinger, Sygdommen til Døden, »Ypperstepræsten«-»Tolderen«-»Synderinden«, udg. af Niels Jørgen Cappelørn, Joakim Garff, Anne Mette Hansen og Johnny Kondrup, København: Søren Kierkegaard Forskningscenteret og G. E. C. Gads Forlag, s. 119-250, 2006）に基づく。

・キェルケゴールの日記への言及に際しては、*SKS* で採用されているナンバリングによって出典を明示した。例えば、「AA:12」は日記帳 AA の一二番目の項目、「NB22:114」は日記帳 NB22 の一一四番目の項目を、それぞれ意味する。また、*SKS* においてその項目が収録されている巻数・頁数（例えば「*SKS* 17, 24」（*SKS* 第一七巻、二四頁））を併記した。

・*Pap.* は、キェルケゴールの遺稿集第二版（*Søren Kierkegaards Papirer*, bd. I-XI, 3, udg. af P. A. Heiberg, V. Kuhr og E. Torsting, København: Gyldendalske Boghandel, Nordisk Forlag, 1909-1948; Anden forøgede Udgave, bd. I-XI, 3, ved. Niels Thulstrup, bd. XII-XIII (supplementsbind), udg. af Niels Thulstrup, bd. XIV-XVI *Index* af Niels Jørgen Cappelørn, København: Gyldendal, 1968-78) を指す。

・キェルケゴールがデンマーク語以外の言語（ラテン語、ギリシア語、ドイツ語など）を用いている箇所は、原則として邦訳を「　」内に入れるようにした。

・*SKS* においてイタリック体で表記されている箇所は、邦訳では傍点を付した。

・〔　〕内は訳者による補足・注記である。

・キェルケゴールによる原注は（1）の形で、訳注は＊1の形で表示した。

・聖書からの引用にあたっては、原則として新共同訳を用いた。

・本書には今日では差別的とされる表現が用いられている。歴史的文書であることを鑑み、ご理解を賜りたい。

死に至る病

教化と覚醒のための
キリスト教的、心理学的論述

アンチ・クリマクス[*1]著
S・キェルケゴール刊

コペンハーゲン　一八四九年

主よ！
無益な物事に対しては、霞《かす》んだ目を
あなたのあらゆる真理には、澄み切った目を
私たちにお与えください。[*2]

序言

多くの人が、この「論述」の形式に、ひょっとしたら違和感を覚えるかもしれない。この論述は、あまりにも厳密なので教化的なものというわけではなさそうだが、かといって厳密に学問的であるにはあまりにも教化的すぎるようだ——そう思われるのではないだろうか。後者に関しては、私としてはとくに言うべきことはない。けれども、前者に関して言えば、それは私がこの論述で意図するところではないのである。もし本当にこの書の論述が厳密すぎて教化的ではないのだとすれば、思うに、それは失敗なのだ。もちろん、この書の論述についてくるだけのいろいろな前提を誰もが持っているわけではないのだから、この書の論述は誰にとっても教化的というわけではない。でも、この書の論述が人を教化するという性質を備えていること、このことは、それとはまた別の話だ。キリスト教的には、とにかくすべてが教化に役立つのでなければならない。[*3] 教化に帰着しないような学問は、まさにそれゆえに非キリスト教的なのである。キリスト教に関わる叙述は、何であれ、病床に臨む医者の話し方と似ていなくてはならない。たとえその話をちゃんと理解するのは医学に通じた人だけだとしても、病床に臨んでいるということは決して忘れられてはならないのである。人生に対するキリスト教的なもののこのような関わり（人生に対する学問というものの隔たりとは正反対だ)、あるいは、キリスト教的なもののこのような倫理的な側面、それこそがまさに「教化的」なのである。この種の叙述は、たとえどれだけ厳密であるとしても、あの種の「冷淡な」学問性とは、まったく相容れないし、質的に異なるのである。学問性の高尚な英雄精神《ヒロイズム》なんてものは、キリスト教から見れば、本当の英雄精神からはほど遠く、不人情な好奇心のように思える。キリスト教的な英雄精神——本当にこれは、ごくごく稀にしか見られないものなのだろう——とは、一切を賭けて自己自身になろうとすることであり、一切を賭けて単独の人間に、定められたこの単独の人間になろうとすることである。神に直面する一人きりの人間になろうとすることであり、その途方もない尽力のただ中で、そしてその巨大な責任をわが身に引き受けて、ただ一人きりの人間になろうとすることである。「純粋な人間」[4]なるものと戯れてみたり、世界史と謎解きゲームに興じたりする[5]のは、断じてキリスト教的な英雄精神ではないのだ。キリスト教的な認識はすべて、たとえどれだけ厳密な外見を呈していようとも、気づかいを伴っていなくてはならないのである。そして、この気づかいこそが、教化というものに他ならない。この気づかいは、生きることへの、個人の現実性への関わりであり、だから、キリスト教的に言えば、真剣さなのである。知識の冷淡な高尚さなど、キリスト教からすれば、真剣さの高まりであるどころか、冗談であり虚栄だ。もう一度言おう、真剣さこそが教化というものなのだ。

だから、この小著は、ある意味では教員養成学校の学生にでも書けそうでありながら、また別の意味では大学教授であれば書けるというわけでもない、そんな本なのかもしれない。

とはいえ、この論考がこのような体裁に整えられているのは、少なくともよく考えた上でのことであり、じつは心理学的に見ても正しいことなのである。もっと仰々しいスタイルだってありうるわけだが、そうしてしまうと、仰々しすぎるがゆえにたいした中身を持たなくなってしまうし、それに、ひとたび読者がそうしたスタイルに慣れてしまえば、たちどころに無意味な言葉の羅列になってしまう。

ところで、もちろん余計なことではあるが、それでも言っておかねばならないことが一つある。本書の題名が示すとおり、絶望は、この書全体を通じて、病として捉えられているのであって、薬としては捉えられていないということ、このことを私はきっぱり明言しておきたい。つまり、絶望とはそれほどまでに弁証法的なのだ。キリスト教の語の用法でもやはり同じようになっていて、死とは最大の精神的な悲惨の表現[*6]であり、しかもその治療はまさに死ぬこと、死に切ることなのである。[*7]

一八四八年

訳注

＊1　［邦訳者注］「アンチ・クリマクス（ANTI-CLIMACUS）」は、キェルケゴールの仮名であり、彼が『死に至る病』に充てた著者名である。このあたりの事情については、巻末「訳者解説」参照。

＊2　おそらくドイツの宗教者ツィンツェンドルフ（Nikolaus Ludwig von Zinzendorf）（一七〇〇―六〇

年）による讃美歌の一節。キェルケゴールは、ドイツのアルベルティニ司教（Johann Baptist von Albertini）（一七六九―一八三一年）による説教の一部として（*Pap.* VIII2 B 171^{6} 参照）、ドイツ語のまま引用している。

＊3　「コリントの信徒への手紙二」一四・二六参照。「兄弟たち、それではどうすればよいだろうか。あなたがたは集まったとき、それぞれ詩編の歌をうたい、教え、啓示を語り、異言を語り、それを解釈するのですが、すべてはあなたがたの教化のためにすべきです」〔一部改変〕。

＊4　ドイツの哲学者ヘーゲル（Georg Wilhelm Friedrich Hegel）（一七七〇―一八三一年）およびヘーゲル学派の者たちが用いた「純粋な存在」（現象から個別的な要素を抽象し尽くしたときに残るもの）という概念を皮肉って述べている。

＊5　ヘーゲルおよびヘーゲル学派と、ヘーゲルから一定の影響を受けていたデンマークの詩人・聖職者グルントヴィ（Nicolai Frederik Severin Grundtvig）（一七八三―一八七二年）に対する風刺と考えられる。

＊6　おそらく「ローマの信徒への手紙」五・一二が念頭に置かれている。「このようなわけで、一人の人によって罪が世に入り、罪によって死が入り込んだように、死はすべての人に及んだのです。すべての人が罪を犯したからです」。

＊7　「そして、〔キリストは〕十字架にかかって、自らその身にわたしたちの罪を担ってくださいました。わたしたちが、罪に対して死に切って、義によって生きるようになるためです」（「ペトロの手紙一」二・二四〔一部改変〕）。

緒　言

「この病は死には至らない」(『ヨハネによる福音書』一一・四[*1](一部改変))。それなのに、ラザロは死んだ。キリストがあとから付け加えられた言葉——「わたしたちの友ラザロが眠っている。しかし、わたしは彼を起こしに行く」(一一・一一)——を、弟子たちが誤解したとき、キリストははっきりとこうおっしゃった。「ラザロは死んだのだ」(一一・一四)。つまり、ラザロは死んでいる、それなのにこの病は死には至らなかったのである。ラザロは死んだ、それなのにこの病は死には至っていないのである。今日のわれわれは、キリストが奇跡のことを念頭に置かれていたのを、とてもよく知っている。それは、彼と同時代の人たちにとっては、「もし信じるなら、神の栄光が見られる」(一一・四〇)はずの奇跡であり、キリストがラザロを死から蘇らされた、あの奇跡である。かくして、「この病」は死には至らなかっただけでなく、それは、キリストが予言されたとおり、「神の栄光のため、神の子がそれによって栄光を受けるため」(一一・四(一部改変))のものだったわけだ。そう、そうではあるのだが、仮にキリストがラザロを蘇らされなかったのだとしても、それでもこの病は、その死さえもが、死には至らないのだと、やはり言うことができるのではないだろうか? キリストが墓に歩み寄られ、「ラザロ、出て来なさい」(一一・四三)と大声で叫ばれるとき、「この」病は死には至らないのは、すでにまったく確かなことだ。それでは、もしキリストがそのような言葉を口にされることすらしなかったなら、どうだろうか――「復活であり、命である」（一一・二五）彼が、墓に歩み寄られるということ、そのことだけによってでも、この病は死には至らないということが意味されるのではないだろうか。キリストが現にそこにいらっしゃるということが、この病は死には至らないということを意味しているのではないだろうか！　それに、死から呼び起こされたとしても、その行き着く先は結局死なのだから、そんなことはラザロにとっていったい何の役に立ったことだろう――もしキリストがいらっしゃらないなら、もし信じる者の一人一人にとって復活であり命であるキリストがいらっしゃらないなら、死から呼び起こされたところで、それがラザロにとっていったい何の役に立ったことだろう！　そう、ラザロが死者の中から呼び起こされたから、だからこの病は死には至らない、ということではない。そうではなく、キリストが現にそこにいらっしゃるから、だからこの病は死に至らないのだ。それはなぜか。人間的に言えば、死が一切の最後なのだし、人間的に言えば、生命があるかぎりで希望があるにすぎない。だが、キリスト教的な理解では、死は決して一切の最後ではなく、死もやはり、永遠の命という一切の中の一つの小さな出来事にすぎないのである。そして、キリスト教的な理解では、生命があるところに存在する希望よりも、さらにはその生命が健康と力に満ちているような場合に存在する希望よりも――これらは人間的な意味での希望にすぎない――無限に多くの希望が、死にはあるのだ。

だから、キリスト教的な理解では、死さえも「死に至る病」ではない。ましてや、困窮、病気、悲惨、不運、災厄、苦痛、煩悶、悲哀、落胆といった、地上的、時間的な意味で苦悩と呼ばれるものは、どれも「死に至る病」ではない。さらには、われわれ人間が、あるいは少なくとも悩める当人が「これは死よりひどい」と漏らすほどに、そうした苦悩が重々しく痛ましいとしても、それでもこうした苦悩は――病気とは言わないまでも、何らかの病気と比較しうるようなものなのかもしれないが――キリスト教的な理解からすれば、死に至る病ではないのである。

キリスト教は、キリスト者に、死を含む一切の地上的、この世的なものについて、これほどまでに超然と考えるよう教えてきたのだ。ふつう人間が不運だとか最大の災いだとか呼ぶものに対して、このように誇り高く泰然としているわけだから、キリスト者とは高慢に違いないと思われそうなものである。ところが、キリスト教は、その代わり、ふつうの人間にはそんなものがあるなどとは思いも及ばない、ある悲惨を見つけ出してしまった。この悲惨こそが、死に至る病なのである。自然のままの人間が恐ろしいものとして列挙するようなもの――すべてを残らず列挙し尽くしたとしても――などは、キリスト者にしてみれば、冗談のようなものだ。自然のままの人間とキリスト者の関係はそのようなもので、それは子どもと大人の関係のようなものである。つまり、子どもが怖がるものを、大人は何とも思わないのである。子どもは何が恐ろしいものなのかを知らないが、大人はそれを知っていて、それを怖がるわけである。子どもの不完全なところは、第一に、恐ろしいものを分かっていないことであり、そして次に、そこから出てくることであるが、恐ろしくないものを怖がってしまうことである。自然のままの人間も同じことで、彼は何が真に恐るべきことなのかを知らず、かといって怖がらずに済んでいるわけでもないのである。彼は恐ろしくないものを怖がってしまっているのだ。異教徒の神に対する関係も同じで、異教徒は、真の神を分かっておらず、それればかりか偶像を神として崇《あが》めてさえいる。

キリスト者だけが「死に至る病」の意味するところを知っている。キリスト者は、キリスト者として、自然のままの人間が知る由もない勇気を得た――よりいっそう恐ろしいものに対する畏《おそ》れを学ぶことで、この勇気を得たのだ。人間というのは、いつもこんなふうにして勇気を手にするものである。人間は、いつだって、いっそう大きな危険を畏れるときに、小さな危険の中へ入ってゆく勇気を手にするものなのだ。一つの危険を無限に畏れるとき、人間にとって他の危険は存在しないも同然なのである。そして、キリスト者が学び知ったその恐るべきものこそが「死に至る病」なのである。

訳注

＊1　［邦訳者注］キェルケゴールは、「ヨハネによる福音書」第一一章のいわゆる「ラザロの復活」の話から、「死に至る病」という概念の着想を得た。次のような話である。

ある病人がいた。マリアとその姉妹マルタの村、ベタニアの出身で、ラザロといった。……その兄弟ラザロが病気であった。姉妹たちはイエスのもとに人をやって、「主よ、あなたの愛しておられる者が病気なのです」と言わせた。イエスは、それを聞いて言われた。「この病気は死で終わるものではない〔死には至らない〕。神の栄光のためである。神の子がそれによって栄光を受けるのである」。イエスは、マルタとその姉妹とラザロを愛しておられた。ラザロが病気だと聞いてからも、なお二日間同じ所に滞在された。……その後で言われた。「わたしたちの友ラザロが眠っている。しかし、わたしは彼を起こしに行く」。弟子たちは、「主よ、眠っているのであれば、助かるでしょう」と言った。イエスはラザロの死について話されたのだが、弟子たちは、ただ眠りについて話されたものと思ったのである。そこでイエスは、はっきりと言われた。「ラザロは死んだのだ。わたしがその場に居合わせなかったのは、あなたがたにとってよかった。あなたがたが信じるようになるためである。さあ、彼のところへ行こう」。……

さて、イエスが行って御覧になると、ラザロは墓に葬られて既に四日もたっていた。……マルタは、イエスが来られたと聞いて、迎えに行ったが、マリアは家の中に座っていた。マルタはイエスに言った。「主よ、もしここにいてくださいましたら、わたしの兄弟は死ななかったでしょうに。しかし、あなたが神にお願いになることは何でも神はかなえてくださると、わたしは今でも承知しています」。イエスが、「あなたの兄弟は復活する」と言われると、マルタは、「終わりの日の復活の時に復活することは存じております」と言った。イエスは言われた。「わたしは復活であり、命である。わたしを信じる者は、死んでも生きる。生きていてわたしを信じる者はだれも、決して死ぬことはない。このことを信じるか」。マルタは言った。「はい、主よ、あなたが世に来られるはずの神の子、メシアであるとわたしは信じております」。

マルタは、こう言ってから、家に帰って姉妹のマリアを呼び、「先生がいらして、あなたをお呼びです」と耳打ちした。マリアはこれを聞くと、すぐに立ち上がり、イエスのもとに行った。……マリアはイエスのおられる所に来て、イエスを見るなり足もとにひれ伏し、「主よ、もしここにいてくださいましたら、わたしの兄弟は死ななかったでしょうに」と言った。イエスは、彼女が泣き、一緒に来たユダヤ人たちも泣いているのを見て、心に憤りを覚え、興奮して、言われた。「どこに葬ったのか」。彼らは、「主よ、来て、御覧ください」と言った。イエスは涙を流された。……

……墓は洞穴で、石でふさがれていた。イエスが、「その石を取りのけなさい」と言われると、死んだラザロの姉妹マルタが、「主よ、四日もたっていますから、もうにおいます」と言った。イエスは、「もし信じるなら、神の栄光が見られると、言っておいたではないか」と言われた。人々が石を取りのけると、イエスは天を仰いで言われた。「父よ、わたしの願いを聞き入れてくださって感謝します。わたしの願いをいつも聞いてくださることを、わたしは知っています。しかし、わたしがこう言うのは、周りにいる群衆のためです。あなたがわたしをお遣わしになったことを、彼らに信じさせるためです」。こう言ってから、「ラザロ、出て来なさい」と大声で叫ばれた。すると、死んでいた人が、手と足を布で巻かれたまま出て来た。顔は覆いで包まれていた。イエスは人々に、「ほどいてやって、行かせなさい」と言われた。

(「ヨハネによる福音書」一一・一―四四)。

第一編　死に至る病とは絶望のことである

A　絶望が死に至る病であるということ

A　絶望とは、精神における、自己における病であり、したがって絶望は三つの姿をとりうる。絶望して、自己を持っていることを意識していないこと（非本来的な絶望）。絶望して、自己自身であろうとしないこと。絶望して、自己自身であろうとすること

人間とは精神である。では、精神とは何か？　精神とは自己である。では、自己とは何か？　自己とは関係であるが、関係がそれ自身に関係する関係である。言い換えれば、自己は、関係がそれ自身に関係するという関係を、わが身に引き受けているのである。だから、自己とは、関係それ自体なのではなく、関係がそれ自身に関係することなのだ。人間は、無限性と有限性の、時間的なものと永遠なものの、自由と必然性の総合である。早い話が、人間とは総合なのである。総合とは、二つのもののあいだの関係のことだ。人間は、このように捉えられるかぎりでは、いまだ自己ではないわけである。

二つのもののあいだの関係の場合、その関係は消極的な統一としての第三者であり、〔関係がではなく〕二つのものの方が関係に関係するのであって、関係に対する関係を引き受ける。〔精神ではなく〕心という規定の下での心と身体の関係は、このような意味での関係である。それに対して、関係がそれ自身に関係する場合、この関係は積極的な統一であり、それこそが自己なのである。

それ自身に関係するこのような関係、つまり自己は、自分で自分のことを措定したか、あるいは他者によって措定されたか、そのいずれかであるはずだ。

それ自身に関係する関係が他者によって措定されたのだとすれば、その関係はもちろん〔積極的な統一としての〕第三者ではあるのだが、この関係、この第三者がやはりまた関係であり、関係全体を措定したものに関係している。

このような派生された、措定された関係が人間の自己であり、それは、それ自身に関係し、それ自身に関係するときに他者に関係する、そのような関係なのである。ここから導かれるのは、本来的な絶望には二つの形態がありうるということだ。もし人間の自己が自分で自分のことを措定したのなら、自己自身であろうとしない、自己自身を捨て去ろうとするという形態だけが問題になりえて、絶望して自己自身であろうとするという形態は問題になりえないだろう。言い換えれば、〔絶望して自己自身であろうとするという〕この公式に、関係全体の（すなわち自己の）依存性が表現されているのである。自己は、自分一人では平衡にも平安にもたどり着けないし、そんな状態でありうるものでもなく、むしろ自己自身に関係するときに関係全体を措定した他者に関係することによってのみ、そうしたことが可能なのである。このことが、この公式には表現されているのだ。この第二の形態の絶望（絶望して自己自身であろうとすること）は絶望の中でも特殊な種類のものにすぎないだろうと考えるのは、事の真相からほど遠く、むしろ、どんな絶望も、解きほぐしてゆけばこの絶望に行き着きうるし、この絶望に還元されうるのである。ここに一人の絶望者がいるとしよう。彼は自分の絶望に気づいていて（また気づいていると自分でも思っていて）、自分の絶望について、それがまるで自分の身に降りかかってくるものであるかのように、無意味な仕方で語るようなことはしないとしよう（そのように語るのは、めまいに苦しむ者が、神経性の錯覚のせいで、頭の上に重みを感じるとか、何かが落っこちてきそうだなどと語るようなものだ。その重みや圧迫は、じつは外側からやってくるものではなく、内側のものの逆反射なのである）――彼は、あらんかぎりの力で、そして自分一人だけの力で絶望を取り除こうとするとしよう。そのとき、彼はいまだ絶望の中にいて、全力を振り絞ってもがけばもがくほど、ただますます絶望の深みにはまり込んでしまうのである。絶望の不協和は、単純な不協和ではなく、それ自身に関係する関係であると同時に、他者によって措定された関係における不協和であり、だから前者の自立的な関係における不協和は、その関係を措定した力との関係のうちにも、やはり無限に反映されるのである。

そこで、絶望が完全に根こそぎにされた自己の状態を表す公式は、次のようになる。自己が、自己自身に関係するとき、そして自己自身であろうとするとき、自己を措定した力に透明に基礎を置いている。

B 絶望の可能性と現実性

絶望とは長所だろうか、それとも短所だろうか？ まったく弁証法的なことに、その両方なのである。実際に絶望する誰かについては考えず、あくまで抽象的に絶望のことを考えてみれば、絶望とは大変な長所だと言わざるをえないだろう。この病にかかりうる可能性が、他の動物に対する人間の長所であり、そしてこの長所は、直立歩行などとはまったく違う仕方で、人間のことを際立たせる。なぜなら、この長所こそが、人間は精神であるという無限の高さ、崇高さのしるしだからだ。この病にかかりうる可能性が他の動物に対する人間の長所であり、この病に気づくことが自然のままの人間に対するキリスト者の長所であって、この病が治るところにキリスト者の祝福があるのだ。

絶望することができるというのは、このように無限の長所である。ところが、絶望していることは、最大の不幸であり悲惨であるばかりか、破滅ですらある。可能性と現実性の関係は、ふつうこんなふうにはなっていない。これこれでありうることが長所であるなら、現にそうであることはいっそう大きな長所となる。つまり、そうでありうることから現にそうであることへの関係は、上昇なのである。絶望の場合、これとは対照的になり、そうでありうることから現にそうであることのへの関係は、下降なのである。その可能性の長所が無限であるように、その下降は無限に深い。こうしたわけで、絶望の場合、上昇の先にあるのは、絶望していないということなのである。だが、この規定がまた曖昧である。絶望していないということは、足や目を患っていないといったことと同じではない。「絶望していない」が「〔目下〕絶望していない」ということしか意味しないなら、その「絶望していない」は、じつは「絶望している」に他ならない。「絶望していない」は、絶望しうる可能性がゼロになったことを意味するのでなければならないのだ。ある人が絶望していないということが真であるとき、その人は、あらゆる瞬間に絶望の可能性をゼロにしているのでなければならないのである。可能性と現実性の関係は、ふつうこんなふうにはなっていないのだ。現実性とは可能性がゼロになることだと言っている思想家[*1]もいるが、それは全面的に正しいとは言いきれず、現実性とは、満たされた、実現している可能性のことなのである。対照的に、ここでは現実性（絶望していないこと）は無力化された、ゼロになった可能性であり、だから一種の否定でもある。ふつうなら現実性の可能性に対する関係は承認だが、ここではそれが否認になっているのである。

　絶望とは、それ自身に関係する総合の関係における不協和である。しかし、総合それ自体が不協和ということではなく、総合はその可能性であるにすぎない。言い換えれば、総合のうちに不協和の可能性が潜んでいるということだ。もし総合それ自体が不協和であるなら、絶望などまったく存在しないだろう。その場合、絶望は人間の本性に潜んでいるものということになるだろうし、そうなってみれば、それは絶望ではないだろう。そうしたものは、人間に降りかかってくるものだろうし、人間がかかる病気とか、万人の運命である死のような、人間が蒙《こうむ》るものだろう。そうではなく、絶望するというのは、人間のあり方に潜んでいることなのだ。とはいえ、もし人間が総合でないなら、人間には絶望することなどそもそもできないだろうし、そしてまた、もしその総合がもともとは神の手によって正しい関係に置かれていたのでないなら、人間には絶望することなどやはりできないだろう。

では、絶望はどこからやってくるのだろう？　総合がそれ自身に関係する関係からだ。それは、人間を関係としてお定めになった神が、その関係を御手《みて》から、いわば手放されるからであり、つまり関係がそれ自身に関係するようになるからである。そして、その関係が精神であり自己であるところに責任というものが根差していて、あらゆる絶望はこの責任の下にあり、それが存在するいかなる瞬間もこの責任の下にある。絶望者が、たとえどれほど多弁を弄《ろう》して、そしてまた言葉巧みに、先のめまいの場合のように混乱して（絶望は、めまいと質的に異なりはするものの、めまいと多くのものを共有している。というのも、心という規定におけるめまいは、精神という規定における絶望と等しく、めまいは絶望との類比であふれているからである）、自分の絶望について、まるで不幸でもあるかのように、他人も自分も欺いて語るとしても、やはりそうなのである。

それでは、ひとたび不協和が、絶望が現れた場合、その不協和が続いてゆくということは理の当然なのだろうか？　否、それは理の当然ではない。不協和が続くとすれば、それは不協和に起因するのではなく、それ自身に関係する関係に起因するのである。つまり、不協和が現れるたびに、不協和が存在するあらゆる瞬間に、その関係までさかのぼって考える必要があるということだ。ある人が（例えば不注意で）何かの病気を招く、という言い方がされる。そうして病気にかかると、その瞬間からその病気は症状を現し、現実性になるわけだが、その発端はどんどん過去のものになってゆく。「きみ（病人）はこの瞬間にも自分でその病気を招いている」とひっきりなしに言い続けるとしたら、つまり、あらゆる瞬間に病気の現実性をその可能性に還元させようとするなら、それは残酷であるし、非人間的でもあるだろう。彼がその病気を招いたことは間違いない。けれども、彼が病気を招いたのはただ一度のことだし、その病気が続いているのは彼が一度病気を招いたことの単純な帰結にすぎず、病気の進行をことあるごとに彼のせいにすべきではない。彼は病気を招きはした。けれども、彼が病気を招いていると言うことはできないわけだ。絶望することは、これとは違う。絶望が現実的になる瞬間は、どの瞬間であっても、その可能性に帰されるべきであって、絶望者は、絶望する瞬間ごとに、自分で絶望を招いているのである。その瞬間はどこまでも現在という時であり、その現実性をたどってさかのぼったところにある過去などというものは存在しない。絶望が現実的になる瞬間ごとに、絶望者は過ぎ去ったものすべてを現在的なものとして、その可能性において担うのである。それは、絶望することが精神の規定であって、人間のうちにある永遠なものに関係しているからであり、そして人間は永遠なものから逃れ出ることができない――そんなことは永遠にできない――からだ。人間には、きれいさっぱり永遠なものを投げ捨ててしまうことなど、できない相談なのだ。これ以上に不可能なことはない。人間が永遠なものを持たない瞬間があるとすれば、それは彼が永遠なものを投げ捨ててしまったか、あるいは投げ捨てているか、そのどちらかであるに違いない——だが、永遠なものは戻ってくる。ということは、人間は絶望する瞬間ごとに、絶望することを自分で招いているわけである。なぜなら、絶望は不協和に起因するのではなく、それ自身に関係する関係に起因するからであり、そしてまた人間は、自分の自己から逃れ出ることができないように、それ自身に関係する関係からも（自己とはそれ自身への関係であるのだから、結局同じことを言っているにすぎないのだが）逃れ出ることができないからである。

C　絶望は「死に至る病」である

とはいえ、死に至る病というこの概念は、特別な意味で理解されなくてはならない。それは、文字どおりには、その終わり、その出口が死であるような病気のことである。だから、「致死的な病気」が「死に至る病」と同じような意味で用いられている。絶望を死に至る病と呼ぶ場合は、そのような意味ではありえない。むしろ、キリスト教的な理解からすれば、死とは生への通路だ。ということは、キリスト教的には、いかなる地上的、肉体的な病気も死に至るものではないということである。というのも、確かに死は病気の最後ではあるのだが、その死は一切の最後というわけではないからである。死に至る病についてもっとも厳密な意味で語ろうとするなら、その最後が死であり、死がその最後である、そのような病のことでなくてはならない。そして、この病こそが絶望に他ならないのだ。

そして、絶望は、また別の、よりいっそう限定された意味で、死に至る病なのである。人が文字どおりこの病によって死ぬこと、言い換えれば、この病が肉体的な死で終わることは、とうていありえないだろう。むしろ、絶望の苦悶とは、死ぬことができないというところにある。だから、絶望は、横たわって迫りくる死に苦しめられながらも死ぬことができないという瀕死の状態と、似たところがじつに多い。死に至るまでに病んでいるということは、このように、生きることへの希望があるわけでもないのに死ぬことができないということなのである。最後の希望、死さえ存在しないという希望のなさのことなのだ。死が最大の危険であるとき、人は生きることを望む。けれども、もっとずっと恐ろしい危険を学び知るとき、人は死ぬことを望む。絶望とは、こうして死が希望となるほど危険が大きくなるときの、死ぬことすらできないという希望のなさなのである。

この最後の意味で、絶望とは死に至る病なのである。永遠に死ぬという、死ぬのに死なないという、死を死ぬという、この苦悶に満ちた矛盾、自己におけるこの病なのである。つまり、死ぬということは死が過去のものになったことを意味するが、死を死ぬということは死ぬことを味わうことを意味し、そして死ぬことがほんの一瞬でも味わわれるなら、それは死ぬことを永遠に味わうことを意味するわけである。もし人間が、病気で死ぬのと同じように、絶望によって死ぬのだとすれば、人間のうちにある永遠なもの、つまり自己は、肉体が病気で死ぬのと同じ意味で、死ぬことができなくてはならないだろう。だが、これは不可能なことだ。絶望の死は、たえず生に転じる。絶望者は死ぬことができないのだ。「剣が思想を殺すことができないように」[*2]、絶望もまた、その根底にある永遠なものを、自己を食い尽くすことはできない。その蛆《うじ》が尽きることはなく、その火が消えることもない[*3]のである。とはいえ、絶望が自己を食い尽くすことであること、それは間違いない。しかし、それは自らの欲するところをなしえない、無力なものなのである。絶望がいったい何を欲しているのかと言えば、自己自身を食い尽くすことであり、そして絶望はそれをなしえないわけだが、そのときこの無力さが、自己を食い尽くすことの新しい形になるのである。ここでもやはり、絶望は自己自身を食い尽くすという自らの欲するところをなしえないのだが、そこには相乗が、相乗の法則がある。この相乗が絶望を掻き立てるのである。言い換えれば、それは絶望における壊疽《えそ》のようなもので、無力であるのになんとか自己を食い尽くそうと、たえず内へ内へと、奥へ奥へと食い込んでいって、人間をむしばむのである。絶望者にしてみれば、絶望が自分を食い尽くさないことは何の慰めにもならない。むしろ正反対で、そんな慰めは苦悶に他ならず、自分をどこまでもむしばみ続け、生きることをむしばまれることにしてしまうものに他ならないのである。というのも、自己自身を食い尽くすことができないこと、自己自身から逃れ出ることができないこと、無になることができないこと、このことをめぐって絶望者は――絶望したのではなくて――絶望するのだからだ。これが絶望の相乗の公式であり、この自己の病における熱の上昇なのである。

絶望する者は何かをめぐって絶望する。一瞬そのように見えるが、それは一瞬のことにすぎない。その同じ瞬間に、真の絶望が姿を現す。あるいは、絶望が真の姿で現れてくる。絶望する者が何かをめぐって絶望したとき、彼はじつは自己自身をめぐって絶望していたのであり、だから彼は自己自身から逃れ出ようとしているのである。こうして、「皇帝か、それとも無か」[*4]を標榜する野心家が皇帝になれないとき、彼はそのことをめぐって絶望するが、じつはその意味するところはまた別であって、彼は皇帝になれなかったというまさにその理由で、自己自身であることに耐えられないのである。だから、彼は、本当のところは、自分が皇帝になれなかったことをめぐって絶望しているのではなく、皇帝になれなかった自己自身をめぐって絶望しているのである。もし皇帝になっていたら、あらゆる願望の権化になっていたであろうこの自己——そうなったところで別の意味ではやはり絶望しているのだが——この自己が、彼にとっては今や何よりも耐えがたいのである。深い次元で考えてみれば、彼にとって耐えがたいのは、皇帝になれなかったことではなく、皇帝になれなかったこの自己であるということだ。さらに正確に言えば、彼にとって耐えがたいのは、彼が自己自身から逃れ出ることができないことなのである。もし皇帝になっていたら、彼は絶望して自己自身から逃れ出ていたことだろう。けれども、彼は皇帝になっておらず、絶望して自己自身から逃れ出ることができないのである。本質的に言えば、彼はいずれにせよ絶望している。というのも、彼は自分の自己を持っておらず、自己自身ではないからだ。皇帝になっていたところで、彼はやはり自己自身にはならず、自己自身から逃れ出てしまっていただろうし、皇帝になっていないことで、彼は自己自身から逃れ出ることができないことをめぐって絶望するわけである。だから、絶望者のことを評して、まるで絶望が罰でもあるかのように、「彼は自己を食い尽くしている」と言うのは、(おそらく絶望者というものを、ましてや自己すらも見たことのない)皮相な観察である。というのも、彼はまさに絶望的に自己を食い尽くそうとしているわけで、そうすることができないからこそ彼は苦悶しているからだ。絶望によって、燃やすことも燃やし尽くすこともできないはずのものに、つまり自己に火がつけられてしまったのだ。

というわけで、何かをめぐって絶望しているうちは、まだ本来的な絶望ではない。それは発端であって、医者が病気を診て「まだ判然としない」と言う場合に近い。その次に、自己自身をめぐって絶望するという判然とした絶望が現れてくるのである。ある少女が恋のゆえに絶望している。恋人が死んだとか、恋人に裏切られたとかして、恋人を失ったことをめぐって絶望している。この絶望はまったく判然としていないが、彼女はじつは自己自身をめぐって絶望しているのである。彼女としては、もし「彼」の恋人になっていたら、まったくおめでたいことに、自分のこの自己から逃れ出るか、それを失うかしていたことだろう。この自己が今や「彼」なしでいなければならなくなってしまったので、彼女からすれば忌々しいのである。彼女にとって財産になっていたかもしれないこの自己——そうなったところで別の意味ではやはり絶望しているのだが——が、「彼」が死んだ今となっては、彼女にとってうんざりするような虚しさになったのである。あるいは、その自己のせいで自分が欺かれたことを思い出してしまうので、彼女にとってその自己は忌み嫌うべきものになったのである。ためしに、そうした少女に向かって「きみは自己を食い尽くしてしまっているね」と言ってみればいい。「いえ、そうすることができないところにこそ、私の苦しみがあるのです」という返答を聞くことになるはずだ。

自己自身をめぐって絶望すること、絶望して自己自身から逃れ出ようとすること、これはあらゆる絶望の公式である。ということは、絶望して自己自身であろうとするという絶望の第二の形態は、絶望して自己自身であろうとしないという絶望の第一の形態に還元されうるということだ。これは以前、絶望して自己自身であろうとしないという形態を解きほぐして、絶望して自己自身であろうとするという形態に行き着いたのと、ちょうど同じことである（A参照）。絶望者は、絶望して自己自身であろうとするわけである。だが、絶望者は、絶望して自己自身であろうとするのであれば、自己自身から逃れ出ようとはしないのではないか。確かにそう思われはする。だが、目を凝らせば、この矛盾した命題が、じつは同一であることに気づく。絶望者が絶望してそうあろうとする自己というのは、本来の彼とは違う自己なのである（彼が真にそうである自己になろうとすることは、絶望とは正反対のことなのだ）。つまり、彼は自分の自己を、それを措定した力から引き離そうとしているのである。けれども、どれだけ絶望してみたところで、彼にはそんなことはできはしない。絶望が力の限りを尽くしたところで、あの力はずっと強大で、自分がそうありたくない自己であることを彼に強いるのである。それなのに、彼は自己自身から、自分の本来の自己から、あくまで逃れ出ようとし、自分で考えついた自己であろうとする。自分がそうありたい自己であることは、たとえそれが別の意味ではやはり絶望であるとしても、彼にとっては願ったり叶ったりだろう。他方、自分がそうあろうとはしない自己であることを強いられること、それは彼にしてみれば苦悶である。自己自身から逃れ出ることができないという苦悶なのである。

ソクラテスは、肉体の病気が肉体を食い尽くすのとは違って、魂の病（罪）は魂を食い尽くさないということから、魂の不死性を証明した。[*5] それと同じように、絶望は人間の自己を食い尽くすことができないということ、それこそがまさに絶望における矛盾の苦悶であるということから、人間のうちにある永遠なものを証明することができるだろう。人間のうちに永遠なものなどないのだとすれば、人間には絶望することなどできっこないだろうし、それに、絶望が人間の自己を食い尽くすことができるのだとすれば、そもそも絶望など存在しないだろう。

絶望は、自己におけるこの病は、このような意味で死に至る病なのである。絶望者は死病を患っている。それはふつうの病気について言われるのとはまったく違った意味でのことであって、この病はもっとも大切なところを攻撃するのだが、にもかかわらず人間は死ぬことができない、ということなのである。絶望の死は、この病の最後にあるのではなく、どこまでも続く最後なのである。死によってこの病から救われるのは不可能なことなのだ。なぜなら、この病とその苦悶――そしてその死――とは、死ぬことができないということに他ならないからだ。

絶望の状態とは、このようなものである。絶望者が自己を失ってしまったことからどれだけ目をそらし続けようとも、また、絶望者が自己を失ってしまったことをどれだけうまく忘却し、そのことがまったく意識にのぼらなくなる（これはとくに、絶望していることについての無知という種類の絶望のことだ）としても、永遠は、彼の状態が絶望であったことを明るみに出すだろう。永遠は、彼を自己に釘づけにするだろう。その結果、自分の自己から逃れ出ることができないという苦悩が続いてゆく羽目になり、そのことに成功したなどというのはじつは幻想だったことが分かってくるだろう。永遠はこのようにするに違いない。なぜなら、自己を持つこと、自己であることは、人間に与えられた最大の、無限の譲歩であるが、それはまた永遠によって人間に課された要求でもあるからだ。

B　この病（絶望）の普遍性

医者であれば、完全に健康な人間などたぶん一人もいないと言うだろうが、それと同じように、人間というものを存分に知っている人であれば、ほんの少しも絶望していないような人間、心の奥底に動揺、軋轢、不調和、不安を宿していないような人間は一人もいないと言うだろう。その不安とは、未知の何かに対する不安、あるいは、あえて向き合おうとすらしない何かに対する不安であり、人間という存在の可能性に対する、あるいは自己自身に対する不安のことである。だから、人間は身体に病気を抱えたまま歩き回っていると医者の目には映るように、人間は、ある病を抱えたまま、精神の病を持ったまま歩き回っているのであり、そして、その病は何かのはずみにふと、当人にとってはなんとも説明のしようのない不安によって、またそうした不安を伴って、自らが奥深くに存在していることを気づかせるのである。キリスト教界の外には、絶望を免れている人間などこれまで一人もいたためしがないし、今生きている人の中にも一人もいないが、そのキリスト教界にあっても、真のキリスト者でないかぎり、一人として絶望を免れてはいないのである。人間は、真のキリスト者になりきっていないかぎり、いくらかは絶望しているものなのだ。

このような見方をすると、きっと多くの人が、そんなのは逆説であり誇張で、しかも暗くて気を滅入らせる捉え方だと考えるのではないだろうか。だが、そんなことはないのだ。この見方は暗いものなどではない。むしろ、ある種の暗がりの中に放置されがちなものに光を当てようとするのである。それは、気を滅入らせるものでもない。それは、精神であるという人間に課されている最高の要求の下で、人間一人一人を見つめてみるものなのだから、むしろ気持ちを引き立たせるものである。この見方は逆説でもなく、それどころか、どこまでも筋道の通った根本的な捉え方であって、だから誇張でもないのだ。

絶望についてのふつうの考察は、対照的に、うわべに着目するばかりで、その意味で皮相的な考察であり、考察とすら呼べないものである。絶望についてのふつうの考察は、誰だって自分が絶望しているかどうかについては自分が一番よく知っているに違いない、ということを前提してしまっている。自分は絶望していると言う人は絶望していると見なされ、逆に、自分は絶望していないと言う人は絶望しているとは見なされないわけである。そうなると、普遍的なものであるはずの絶望が、ごく稀な現象であることになってしまう。人が絶望していることは、稀なことなどではない。稀なこと、本当に稀なこととは、人が真に絶望していないことなのだ。

この通俗的な考察は、絶望についてろくに理解していないが、とりわけ次のことをすっぽり見落としてしまっている（この一点が正しく理解されるなら、それだけでも何千もの人が、いや何百万もの人が、絶望という範疇に入れられることになるだろう）。つまり、絶望していないことが、絶望していることを意識していないことが、じつは絶望の一つの形態であるということだ。ある人が病気かどうかを判断するにあたって通俗的な考察に時折生じるのと同じようなことが、絶望をつきとめるにあたって、ずっと深い意味で、通俗的な考察に生じうるのである――「ずっと深い意味で」と言ったのは、通俗的な考察というものは、精神とは何であるかについての理解（この理解なしには、絶望についての理解など不可能だ）を、病気や健康についての理解と比べて、ごくごくわずかしか持たないからである。ふつう、自分が病気だと言わない人は健康と見なされるし、ましてや、自分が健康だと言う人はなおさらである。それに対して、医者は違う仕方で病気を見つめる。なぜか？　なぜなら、医者は、健康であるとはどのようなことであるかについて、明確で進んだ考えを持っており、それに照らして人間の状態を診察するからである。医者は、気のせいにすぎない病気があるように、気のせいにすぎない健康もあることを知っている。それで医者は、この後者の場合には、病気を明るみに出すための手立てをまず講じるのである。概して医者というものは、まさに医者（有識者）であるわけだから、人が自分の健康状態について言うことを無条件に信用することはない。もし、自分が健康であるとか病気であるとか、自分がどれくらい苦しいかなど、自分の健康状態について各人の言うことが無条件で信頼できるものであるのなら、医者であることなど名ばかりのことだろう。思うに、医者たるもの、薬の処方ばかりを仕事とするべきではなく、病気を見極めることを第一の仕事とするべきであり、だから、病気のつもりでいる人が本当に病気なのかどうか、あるいは、健康なつもりでいる人がじつは病気なのではないかを見極めることを第一の仕事とするべきなのである。心理学者の絶望に対する関係も、同じことなのだ。心理学者は、絶望とは何かを知っており、絶望を見極める。だから、心理学者は、自分は絶望していないとか、自分は絶望しているとかいった自己申告では満足しない。自分は絶望していると言う人たちが、ある意味では必ずしも絶望しているわけではないということが、念頭に置かれなくてはならないのである。絶望を装う人だっているわけだし、絶望まで行き着くことなく終息する一過性の落胆や葛藤などを、精神の規定である絶望と取り違えてしまうことだってありうるわけである。その一方で、心理学者は、そうした状態をやはり絶望の諸形態とも見なす。心理学者は、そうした状態が偽装であることを——そして、この偽装こそがまさに絶望であることを——よく心得ている。心理学者は、落胆やら何やらにはたいした意味などないことを——けれども、それらがたいした意味を持たず、また持つようになることもないということ、そのことが絶望に他ならないということを——よく分かっているのである。

　通俗的な考察は、そればかりか、絶望とは精神の病なので、ふつうの病気とは違う仕方で弁証法的[*6]であるという点も見落としてしまっている。この弁証法が正しく理解されるなら、さらに何千もの人が、絶望という範疇に入れられることになる。医者が、ある人が健康だと、ある時点で確信していたとする——そして、その人があとになって病気になるとする。その場合、この人はかつては健康だったが、今では病気である、と医者が言うのは正しい。絶望の場合、これとは異なる。絶望が表面化するや否や、その人が絶望していたことも明らかになるのである。ということは、絶望したことで救われたという人間以外は、どの一人についても、どこかの時点で何かを断定するわけにはゆかないということである。というのも、何かをきっかけにある人が絶望し始めるようになるとき、その同じ瞬間に、彼がそれまでの人生を通じてずっと絶望していたことが明らかになるからである。ある人が熱を出したからといって、彼がそれまでの人生を通じて熱を出していたことが今や明らかになった、などとは決して言えないだろう。それに対して、絶望とは精神の規定であり、永遠なものに関係するのであって、だからその弁証法のうちに永遠なものをいくばくか含んでいるのである。

絶望はふつうの病気とは違う仕方で弁証法的であるばかりでなく、絶望に関してはあらゆる徴候が弁証法的である。それで、皮相的な考察は、絶望がそこにあるのかどうかを判定するとき、じつにあっさり欺かれてしまう。絶望していないということが、じつは絶望していることを意味する場合もあれば、絶望から救われていることを意味する場合だってある。安心や落ち着きが絶望していることを意味する場合もあれば、その安心や落ち着きこそがじつは絶望そのものである場合だってありうる。それにまた、安心や落ち着きが、絶望を克服して平穏を手にしたということを意味する場合だってある。絶望していないことは、病気ではないことと同じではないのだ。というのも、病気ではないということは、病気であるということとはやはり異なるが、絶望していないということは、まさに絶望しているということなのかもしれないからだ。絶望の場合、ふつうの病気とは違って、気分が悪いということは、その病を患っているということではない。決してそうではない。気分の悪さが、やはり弁証法的なのである。このような気分の悪さをこれまで感じたことがないこと、それこそがまさに絶望しているということなのである。

要するに、精神として考察されるなら（そして、絶望について語ろうというのなら、人間を精神という規定の下で考察しなくてはならない）、人間の状態はいつだって危機的だということであり、そこを出発点にして、ここまで話を進めてきたのである。病気の場合には「危機」ということが言われるが、健康の場合には言われない。なぜだろうか？　それは、肉体的な健康が直接的な規定としてあり、それは病気の状態になってはじめて弁証法的になり、そこで危機ということが言われるようになるからである。けれども、精神的には、つまり人間が精神として考察される場合には、健康も病もどちらも危機的なのである。精神の場合には直接的な健康など存在しないのだ。

人間が、精神という規定の下で考察されずに（この場合、絶望について語ることもやはりできない）心と身体の総合としてのみ考察されてしまおうものなら、健康が直接的な規定ということになり、心や身体が病気になって、はじめて弁証法的な規定が現れることになる。人間が精神として規定されていることを自覚していないこと、それこそがまさに絶望なのだ。人間的に言ってこの上なく美しく愛らしいもの、平和と調和と喜びそのものであるような女性の若々しささえ、やはり絶望なのである。つまり、女性の若々しさは幸福ではあるが、幸福というのは精神の規定ではなく、そのずっと奥深く、幸福の秘密の隠れ家には不安もまた住み着いていて、そしてその不安が絶望であるということだ。絶望は、そのような奥まったところに好んでとどまりたがる。幸福の奥底こそ、絶望がもっとも好む、もっとも選りすぐりの住み家なのである。直接性[*7]はみな、安心と平安というその見せかけの背後で、じつは不安なのであり[*8]、だからまったく当然にも、無に対してもっとも不安を感じる[*9]。直接性を不安に陥れるには、もっとも恐ろしいことを、身の毛もよだつような仕方で語ってやればよい、というわけではない。むしろ、漠然としたことについて、抜け目なく、まるで不注意であるかのように、それでいて反省の計算ずくの狙いによって、口をつく舌足らずな言葉で語ってやればよいのである。そう、直接性を最大の不安に陥れるには、狡猾な仕方で直接性に責めを帰してやればよいのであり、「私が言おうとしていることは、きみ自身よく分かっているはずだ」というふうに言ってやればよいのである。なぜなら、もちろん直接性はそのことを分かっていないのだが、反省は、その罠を無からこしらえるときほど確実にその獲物を捕らえることはなく、そしてまた、反省がもっとも自分自身であると言えるのは、じつは反省が無であるときだからである。無の反省、つまり無限の反省に持ちこたえることができるためには、卓越した反省が、もっと正確に言えば、大いなる信仰が必要となるはずだ、ということである。というわけで、この上なく美しく愛らしいもの、女性の若々しさでさえ、やはり絶望なのであり、幸福なのである。だから、こうした直接性のままで人生をやり過ごしてしまうことなど、うまくゆくわけがない。万が一そんなふうにして人生をやり過ごせたとしても、そんなことは何の役にも立つまい。なぜなら、それは絶望に他ならないからだ。

つまるところ、絶望とは、どこまでも弁証法的なものであって、それにかかったことがないことは最大の不幸であり、その治療を望まない場合には何よりも危険ではあるものの、それにかかることが真の神の恵みであると言えるような、そのような病なのである。ふつうの病気の場合であれば、幸福だと言えるのは病気が治るときくらいのもので、病気それ自体は不幸である。

　ということは、絶望は稀なものだと想定している通俗的な考察は真実からほど遠いのであり、絶望とは、むしろ、まったく普遍的なものなのである。自分は絶望していると思ったり感じたりしない人はやはり絶望していることはなく、自分は絶望していると言う人だけが絶望していると想定している通俗的な考察は、真実からほど遠い。むしろ、自分は絶望していると率直に言う人の方が、絶望していると人から思われることもなければ、自分でそう思うこともない人よりも、ちょっとだけ、弁証法的に、治癒に近づいているのである。心理学者もこの点について私に同意してくれるだろうと思うが、ほとんどの人間は、精神として規定されていることをちゃんと意識するようにならないまま生きていて、それがごくふつうのことになっている——それによって、いわゆる人生についての安心感だとか満足感だとかがもたらされるわけだが、こうしたものこそが、じつは絶望に他ならないのだ。翻って、自分は絶望していると言う人は、自分のことを精神として自覚するようにならざるをえないほど深い本性の持ち主であるか、あるいは、困難な出来事や恐ろしい決断に後押しされて、精神としての自覚を持つに至った人であるか、たいていそのどちらかである——そのどちらかであるというのは、本当の意味で絶望していない人など、きわめて稀だからだ。

人間の苦悩や惨めさについて、あれやこれやと口にされている——私はそうしたものを理解しようとしているし、そのうちいくつかは身をもって知るようにもなった。人生を浪費するとはどういうことか、あれやこれやと口にされている。けれども、人生を浪費してしまったと言えるのは、人生の喜びだとか悲しみだとかに欺かれてしまって、自分のことを精神として、自己として、永遠に、決定的に、自覚するに至らなかった人だけである。あるいは、要は同じことなのだが、神が存在することについて、そしてまた、「彼」が、彼自身が、彼の自己がこの神の前に存在することについて、気がついたためしもなければ、もっとも深い意味で感銘を受けたことも全然ない、そのような人だけである。そうした無限性を手にするには、絶望を通ってゆくより他に仕様がないのだ。こんなにも多くの人が、他のどんな考えよりはるかに祝福に満ちたこの考えをだまし取られてしまって生きているという、この悲惨。この考え以外であれば何にでも夢中になり、あるいは大衆をそれに夢中にさせ、大衆を自分の人生という芝居の引き立て役に使っておきながら、この祝福については大衆に何一つ思い出させようとしないという、この悲惨。大衆を解体して、一人一人の人間に、そのために生きるに値する、その中で永遠に生きるに足る、最高かつ唯一のものを手に入れさせるのではなく、むしろ人間を山のように積み重ねるという——そして彼らを欺くという——この悲惨。こんな悲惨の存在を前にすれば、私は永遠に泣き続けることだってできてしまう！

そして、思うに、恐ろしさの極みであるこの病と悲惨をよりいっそう恐ろしいものにしているのは、その隠蔽性なのである。それは、この病を患う者が病を隠したいと思うことができるとか、また実際に隠すことができるといったことだけではない。あるいは、この病が誰一人見つけ出すことができないような仕方で人間の中に巣食うことができるといったことに尽きるわけでもない。その隠蔽性とは、むしろ、この病が病人自身には知られないような仕方で隠れていることがありうるということなのだ！　にもかかわらず、ひとたび砂時計の砂が、この世の時間という砂時計の砂が流れ尽きるときが来れば、いったいどうなるのか。俗世の喧騒が静まり、そのとどまることを知らない無益なせわしなさに終止符が打たれるときが来れば、どうなるのか。きみを取り囲むものがみな、永遠のうちにあるかのように静まり返るときが来れば――そのとき、きみが、男であったか女であったか、金持ちであったか貧乏であったか、従者であったか自立していたか、幸福であったか不幸であったか、そんなことは問題にはならない。きみが、光り輝く王冠を戴いていたか[*10]、それとも人目をひかない卑しい身分にあって日々の苦役と暑さを耐え忍んでいたか、そんなことは問題にはならない。きみの名が、この世の続くかぎり記憶されるか、だからこの世が続いてきたかぎりで記憶されてきたか、それとも、きみは人に知られるような名前など持たず、無数の群衆に入り混じって奔走してきたか、そんなことは問題にはならない。きみを取り巻く豪勢さはどんな人間的な描写も超えるほどのものだったか、それとも、もっとも厳しくもっとも不名誉な人間による判決がきみに下されていたか、そんなことは問題にはならないのだ。永遠は、きみに、そしてまた幾百万もの人間の一人一人に、ただ一つのことを尋ねる。「きみは絶望して生きてきたか否か」。きみは自分が絶望していることを知らないような仕方で、絶望して生きてきたのではあるまいか。それとも、きみは、この病を、胸にうずく秘密のように、心に秘める罪深い愛の果実のように、きみのもっとも深いところに隠し持つような仕方で、絶望して生きてきたのではないか。あるいは、きみは他の人たちに恐怖を与えながら、絶望の中で怒り狂うようにして、絶望して生きてきたのではあるまいか。そして、もしそうだとしたら、もしきみが絶望して生きてきたのだとしたら、たとえきみが他に何を手にし、何を失ったのだとしても、きみにはすべてが失われてしまっているのだ。永遠はきみのことを認めない。永遠はきみのことをまったく知らなかったのだ[*11]。あるいは、もっと恐ろしいことに、永遠は知られているとおりのきみを知っていて[*12]、きみを絶望のままに、きみの自己にかたく縛りつけてしまうのだ！

C　この病（絶望）の諸形態

絶望の諸形態は、抽象的には、総合としての自己を成り立たせている諸契機を考慮することで示し出されるはずである。自己は無限性と有限性から形成されている。ところで、この総合は関係であって、関係とは、派生されたものでありながらも、それ自身に関係するものであり、自由である。自己とは自由なのである。そして、自由とは、可能性と必然性という規定における弁証法的なものである。

しかしながら、絶望は、何よりもまず、意識という規定の下で考察されなくてはならない。絶望が意識されているか否かというところに、絶望のあいだの質的な違いがあるのである。もちろん、あらゆる絶望は、その概念上、意識されているものではある。けれども、だからといって、絶望を宿す人、概念上は絶望していると呼ばれてしかるべき人が、自分が絶望していることを意識しているということにはならない。つまり、意識が決定的なものなのである。一般化すれば、意識が、すなわち自己についての意識こそが、自己にあっては決定的なものなのである。意識が増せば増すほど自己が増すのだ。意識が増せば増すほど意志が増し、意志が増せば増すほど自己が増すのである。意志を少しも持たないような人間は、まつたくもって自己ではないのだ。人間は、意志を増せば増すほど、それだけ自己についての意識も増すのである。

A 意識されているか否かについては考慮せずに考察された絶望。したがって、ここでは総合の諸契機だけが考慮される

a 有限性－無限性という規定の下に見られた絶望

自己とは、無限性と有限性の意識的な総合であり、それ自身に関係する総合である。その課題は自己自身になることだが、それは神との関係を通じてはじめて可能になる。さて、自己自身になるとは、具体的になるということだ。とはいえ、具体的になるとは、有限的になることでもなければ、無限的になることでもない。なぜなら、具体的になるべき当のものが、まさに総合だからである。だから、その発展は、自己の無限化においては自己自身から無限に遠ざかってゆき、そして自己の有限化においては自己自身へと無限に戻ってくる、そのようなものでなくてはならない。これに対して、もし自己が自己自身にならないとすれば、自己がそのことについて知っていようといまいと、自己は絶望しているのである。自己とは、それが存在するあらゆる瞬間に、なるということの途上に、生成の途上にあるのだ。

というのも、自己とは、「可能的[*13]〔κατα δυναμιν〕」であって、現実化してはいないからであり、どこまでも途上にあるべきものだからである。というわけで、自己は自己自身にならないかぎり自己自身ではなく、そして自己自身ではないということは絶望に他ならないのである。

α　無限性の絶望は有限性を欠くことである

このことの根拠は、自己が総合であるという、それゆえ一方がたえずその反対のものでもあるという弁証法的なものに求められる。どんな形態の絶望であっても、単純に（すなわち非弁証法的に）その姿を捉えることはできず、その反対のものを考慮することによってのみ、そうすることができる。詩人が実際にやっているように、絶望者にセリフを言わせることで、絶望のうちにある絶望者の状態を単純に描き出すことはできる。けれども、絶望は、ただその反対のものを通じてしか、その姿を捉えられないのである。だから、そのセリフに詩的な価値を持たせたいのなら、その表現の彩りの中に、弁証法的な対立についての考慮を含み持たせてやらなくてはならない。無限になったつもりでいる人間のあり方はどれも、あるいは無限であろうとするばかりの人間のあり方はどれも、そのあらゆる瞬間に、絶望なのである。というのも、自己とは、有限なものが限定するものであり、無限なものが拡張するものである、そのような総合だからだ。それで、無限性の絶望とは、空想的なもの、限定のないものということになる。なぜこれが絶望かと言えば、自己は、絶望したというまさにそのことによって、神のうちに透明に基礎を置くときにのみ、健康であり、絶望から解放されているからだ。

空想的なものは、当然のことながら、とりわけ想像力に関係している。想像力は感情、認識、意志とも関係しており、だから人間は空想的な感情、認識、意志を持つこともあるわけだ。想像力とは、概して無限化の媒体であり、他のもろもろの能力とは異なるものであって、言ってみれば「すべてに通ずる〔instar omnium〕」能力である。ある人がどんな感情、認識、意志を持っているのかは、結局のところ、その人がどんな想像力を持っているかによるのであり、言い換えれば、感情、認識、意志がどのように反省されているかによる。端的に言えば、想像力によるのだ。想像力とは反省の無限化作用であり、だから老フィヒテは認識に関してさえ想像力が諸範疇の根源であると想定したのだが、それは至極もっともなことだったのだ。*14 自己とは反省であるが、想像力とは反省であり自己の再現なのであって、それは自己の可能性なのである。想像力とは、あらゆる反省の可能性なのだ。そして、この媒体の強さが、自己の強さの可能性なのである。

空想的なものは、人間を自己自身から遠ざけてしまい、そうすることで人間が自己自身に立ち返る邪魔をする。空想的なものは、概して、そんなふうにして人間を無限なものの中に連れ去ってしまう。

感情がそのようにして空想的になると、自己はどんどん蒸発してしまうばかりで、しまいにはある種の抽象的な感傷と化してしまう。そうした感傷は、非人間的なことに、誰かに対して向けられることはなく、例えば人類「一般〔in abstracto〕」といったあれこれの抽象物の運命と、いわば感傷的に関わりあう。リウマチ患者は自分の身体的な感覚を意のままにできず、その感覚は風や天気のなすがままになっていて、彼は気候が変わったりするとき、その感覚にふと気づいたりするものである。感情が空想的になった者も同じことで、彼は何らかの仕方で無限化してはいるが、彼はどんどん自己自身を失ってゆくわけだから、ますます自己自身になるという仕方で無限化しているわけではない。

認識が空想的になる場合も同じことだ。自己は自己自身になるべきであるというのが正しいとすれば、認識という面での自己の発展の法則とは、認識の上昇の度合いは自己認識の上昇の度合いと相応するというものであり、自己は認識を深めれば深めるだけ、いっそう自己自身を認識するということである。認識がこのようにして深まらない場合には、認識は上昇すればするほど、いっそうある種の非人間的な認識と化してしまい、そうした認識を得るにあたって、当人の自己は浪費されてしまうことになる。これはちょうど、ピラミッドの建設にあたって、人間が浪費されてしまうようなものだ。あるいは、あのロシアの吹奏楽*15で、人間が、それぞれ一音だけを割り当てられることで浪費されてしまうようなものである。

意志が空想的になる場合にも、自己はどんどん蒸発してしまう。その場合、意志の具体化は、必ずしもその抽象化と同程度というわけではない。だから、意志は、企図と決断にあたって無限化すればするほど、その課題の、すぐにでも取りかかれるようなごく小さな部分にいっそうしっかりと向き合うのである。そうして意志は、その無限化において、もっとも厳密な意味で自己自身に立ち返るのである。意志は（企図と決断にあたってそれがもっとも無限化するとき）自己自身からもっとも遠く離れていながら、それと同時に、今日にでも、この時にでも、この瞬間にでも向き合うべき仕事の中の、無限に小さな一つの部分に取りかかることで、自己自身のもっとも近くにいるのである。

さて、そうして感情か認識か意志が空想的になると、しまいには自己全体が空想的になってしまいかねない。この空想化は、人間が空想的なものの中に前のめりになって入ってゆくという比較的能動的な形をとるか、あるいは、人間が空想的なものの中に引きずり込まれるという比較的受動的な形をとるか、そのいずれかであるが、いずれの場合も責任は当人にある。そうなると、自己は抽象的な無限化あるいは抽象的な孤立の中で空想的な生き方をし、どんなときでも自己を欠き、自己から遠ざかってゆくばかりである。例えば宗教という領域で、このことが見られる。神との関係は無限化である。けれども、この無限化は、神との関係がただの陶酔に化してしまうような仕方で、人間を空想に連れ去ってしまうことがある。ある人が自己自身に立ち返ることができず、自己自身になることができないような場合には、神の前に存在するということは、その人にとっては耐えがたいことのように思われてくるだろう。そんな空想的な宗教者は、次のように言うのではないか（彼にセリフを与えて、彼のことを特徴づけてみよう）。「スズメが生きていられるのは、もっともなことだ。スズメは自分が神の前に存在しているということを知らないのだから。でも、自分が神の前に存在していることを知りながら、それでいて正気を失うことも身を滅ぼすこともせずになんていられるものか！」[*16]
とはいえ、人間はこのようにして空想的になり、それゆえ絶望するとしても（こうした状態であることは当人にも分かってくるものだ）、十分立派に生きてゆくことができるものである。つまり、上《うわ》っ面《つら》の人間として生きてゆけるのであり、俗世のあれこれにかかずらい、結婚して子どもを育て、尊敬されたり名声を博したりすることができるのである——そして、彼がいっそう深い意味では自己を欠いていることに、まわりの人はおそらく気づくことはない。自己を欠いているとかいないとか、世間はそんなことについて騒ぎ立てることはないのだ。それというのも、自己とは世間がもっとも疎《うと》んじるものだからであり、自分がそんなものを持っていることに気づかされてしまうのは危険極まりないこととされているからである。自己自身を失うということ、この最大の危険[*17]が、世間では、まるで何事でもないかのように、たんたんと行われている。およそ何を失うにせよ、これほどたんたんとはすまされないだろう。他のものであれば、何を失っても——手足の一本だろうと、五リウスバンクダラーだろうと、妻だろうと——気づかれるものだ。

β　有限性の絶望は無限性を欠くことである

このことの根拠は、αで示されたように、自己が総合であるという、それゆえ一方がその反対のものでもあるという弁証法的なものに求められる。
無限性を欠くとは、絶望的な限定性のことであり、絶望的な偏狭さのことである。ただ、ここで偏狭さだとか心の狭さだとか言うのは、当然のことながら、倫理的な意味でのことである。世間でとやかく言われるのは、知的あるいは美的な心の狭さについてであり、つまりどうでもいいことについてばかりである。実際、世間で話題にのぼることといえば、どうでもいいことについてばかりだ。それは、世間に埋没して生きるとは、どうでもいいものに無限の価値を置くことに他ならないからである。世間的なものの見方が、人間と人間の違いを気にするばかりで、必要なただ一つのこと[*18]については何の理解も持たないのは、無理もないことだ（というのも、その理解を持つことが、精神であるということだからだ）。世間的なものの見方では、こういうわけで、倫理的な意味での心の狭さや偏狭さについての理解が成り立たない。その心の狭さや偏狭さとは、無限なものの中に蒸発することによってではなく、まったく有限化することによって自己自身を失ってしまうことである。自己になる代わりに一つの数になり、そのどこまでも続いてゆく単調さの中に数え入れられる一人の人間になり、その中の一つの繰り返しになってしまうことで、自己自身を失ってしまうことだ。

絶望的な偏狭さとは、根本を欠くということ、自分の根本を放棄してしまっているということであり、精神的な意味で自己自身を去勢してしまっていることである。人間はみな根本的には自己としてかたどられ、自己自身になるように定められている。もちろん、自己はどれも、そのようなものとして角張ってはいる。だが、ここから帰結するのは、自己は磨いて形を整えられるべきだということだけであって、自己は磨滅されるべきだということではない。自己は他の人たちのことを恐れるべきであり、だから自己自身であることをすっかり放棄してしまうべきだ、などということは帰結しない。自己は他の人たちのことをとにかく恐れるべきであり、だから自分にとって本質的な偶然性（これこそがまさに磨滅されてはならないものだ）のままにあえて自己自身であろうとなどすべきでないということ、そんなことは帰結しないのだ――人間は、この偶然性を身に受けてこそ、自己自身と向き合う自己自身なのである。さて、一方の絶望は無限なものの中へやみくもに飛び込んでいって自己自身を失うが、もう一方の絶望は、いわば「他者」によって自分の自己をだまし取られるのである。そうした人間は、自分を取り巻く人々の群れを見ることで、ありとあらゆる俗事に忙殺されることで、世間とはどんなものかを知るようになることで、自己自身のことを忘れてしまう。そうした人間は、神的な意味で自分が何と呼ばれる者であるかを忘れ、自己自身のことを信じてみようとはせず、自己自身であることをあまりに向こう見ずなことと思い、他の人たちと同じようにしていることが、群衆に交じって猿まねをして暮らす方が、ずっと気楽で安全だと思い込むのである。

こうした形態の絶望について、世間ではほとんど気づかれることがない。今述べたような人間は、まさに自己自身を失うことによって、商取引を如才なく進め、世間で成功を収めるだけの才覚を身につける。世間には、彼の自己やその無限化の邪魔をするようなもの、難しくするようなものは何一つない。彼は小石のように磨滅し、通貨のように流通する。彼が絶望していると見なされるようなことはなく、むしろ彼こそがあるべき姿の人間だとされる。当然といえば当然なのだが、世間には、概して、本当に恐ろしいものについて、ごくわずかな理解もないようだ。生活に支障をきたさないばかりか、生活を快適で安楽にさえするこのような絶望が、まったく絶望と見なされないのは、当たり前のことだ。世間のものの見方とはこういうものだということは、とりわけ、大半の格言にも見て取れるだろう。大半の格言が、たんなる処世訓にすぎなくなってしまっているということだ。例えば、語れば悔いは十度、黙すれば悔いは一度、などと言われる。なぜだろうか？　なぜなら、語ったということは、一つの事実となるわけで、外的な現実として、語った人をいろいろと面倒なことに巻き込みかねないからである。それなら沈黙すればいい！　だが、じつは沈黙するのがもっとも危険なことなのだ。なぜなら、沈黙することで、人は自己自身と向き合うことになるからだ。この場合、現実が、彼を罰することで、彼が語ったことの帰結を彼に負わせることで、彼のことを助けてくれるようなことはない。その点では確かに、沈黙することは気楽ではある。けれども、そうであるからこそ、恐ろしいものとは何かをよく知っている人は、内面に食い込んできて外面には何の痕跡も残さないあらゆる過失、あらゆる罪を、何よりも恐れるのである。同じく、世間の目からすれば、自己自身であろうとして向こう見ずであるのは危険なことである。なぜか？　なぜなら、向こう見ずであることで何かを失ってしまうかもしれないからである。逆に、向こう見ずでないのが賢いことというわけだ。けれども、人は向こう見ずでないことによって、向こう見ずであることでどれだけ多くのものを失うにしてもそれだけは失うはずのないものを、恐ろしいほど簡単に失ってしまいかねないのである。つまり、自己自身を、いとも簡単に、まったく何事でもないかのように失ってしまいかねないのだ。もし私が間違った仕方で向こう見ずになってしまうとしたら、人生が私に罰を与えることで、私のことを助けてくれるだろう。けれども、もし私がそもそも向こう見ずにならないなら、いったい誰が私のことを助けてくれるというのか？　ましてや、私が最高の意味で向こう見ずになること（最高の意味で向こう見ずになることとは、自己自身に気づくようになることに他ならない）などまったくせずに、臆病にも地上的に好ましいものを手当たり次第にかき集めるとしたら――そして自己自身を失うとしたら！[*19]

有限性の絶望とは、このようなものだ。人間は、こんなふうに絶望することで、この世の時間の中を、かなりうまく、じつのところかえってよりうまく生きてゆくことができるわけである。彼は、上っ面の人間として生きてゆけるのであり、人々から称賛されたり尊敬されたり名声を博したりもするし、ありとあらゆるこの世の時間の中での目標に大忙しでいられる。実際、世間というところは、言ってみれば、この世に身売りしている人間ばかりで成り立っている。そうした人々は、自分の才能を発揮し、お金をかき集め、世間的な仕事に携《たずさ》わり、抜け目なく勘定するなどして、ひょっとしたら歴史に名を残しさえするだろう。だが、彼らは彼ら自身ではない。彼らは、精神的な意味で、自己というものをまったく持っていない。彼らは――他の点ではどれほど利己的であろうと――そのためになら向こう見ずにすべてを賭けることができるような自己、神の前の自己というものを、まったく持っていないのである。

b　可能性–必然性という規定の下に見られた絶望

生成するためには、自己自身になるためには（そして、もちろん自己は自由に自己自身になるべきである）、可能性と必然性が等しく欠くことのできないものである。無限性と有限性（アペイロン–ペラス）[*20]が自己の一部であったように、可能性と必然性もやはり自己の一部である。可能性をまったく持たない自己は絶望しているし、同じように、必然性をまったく持たない自己も絶望しているのである。

α　可能性の絶望は必然性を欠くことである

このことの根拠は、先に示したように、弁証法的なものに求められる。

有限性が無限性を限定する役割を担うのと同じように、必然性は可能性を押しとどめる役割を担う。自己が有限性と無限性の総合として措定され、生成に向かう「可能態[*21]〔κατα δυναμιν〕」となるとき、自己は想像力を媒体にして自分のことを反省するが、そうするところに無限の可能性が浮かび上がってくる。自己が「可能態」であるとは、自己は可能性と同じだけ必然性も持っているということだ。なぜか。自己とはもちろん自己自身であるが、そうでありながら、自己は自己自身になるべきだからである。自己とは、自己自身であるかぎり必然的なものであるし、そしてまた自己自身になるべきであるかぎり可能性でもあるということだ。

さて、可能性が必然性を押しのけてしまうと、自己は自己自身をあとにして可能性に逃げこみ、そうして自己は、それが立ち返るべきどんな必然性も持たなくなってしまう。これが可能性の絶望である。そうなると、自己は抽象的な可能性と化してしまい、可能性の中をのたうちまわって疲れ果てても、この場所から出ていくこともできなければ、どこか他の場所に移ることもできなくなる。そうすることができないのは、まさにその場所こそが必然的なものだからである。自己自身になるということは、その場所での運動に他ならないのである。何かになるということは、ふつうはその場所からの運動であろうが、自己自身になるということは、その場所での運動なのである。

すると、自己の目には可能性がますます大きく映るようになり、ますます多くのことが可能であるように思われてくる。何一つ現実的にならないのだから、それはそうだろう。しまいには何もかもが可能であるように思われてくるのだが、じつはそれは深淵が自己を飲み込んでしまったときなのである。どんな小さな可能性でも、それが現実性になるためには、いくらかの時間が必要とされるだろう。けれども、ここでは現実性のために用いられるべき時間が最後にはどんどん短くなってしまい、すべてがますます瞬間的になってしまう。可能性は強度を増してゆくが、それは可能性の意味においてであって、現実性の意味においてではない。可能性の強度が現実性の意味をとるとは、可能的な何かが現実的になるということなのだ。そうした瞬間には、何かが可能的なものとして姿を現すと、別の新しい可能性がまた現れてくるのであり、しまいにはそうした幻影が矢継ぎ早に生じてきて、すべてが可能であるかのように思われてくる。それがこうした瞬間の最後の局面であり、個人は進んで蜃気楼に成り果ててしまうのである。

ここで自己が欠いているのは、もちろん現実性ではある。それで、「誰かが非現実的になった」という言い方がよくされるわけだ。けれども、よくよく見てみると、彼が欠いているのは、じつは必然性なのである。これはつまり、哲学者たち[*22]は必然性が可能性と現実性の統一だと説いているが、じつはそうではなくて、現実性が可能性と必然性の統一だということである。また、自己があんなふうにして可能性の中をさまよってしまう場合、それはたんに力の不足によるわけではないということである。少なくとも、ふつうに理解される意味での力の不足によるのではない。本当に不足しているのは、従うための力なのである。自分の自己における必然的なもの、自分の限界と呼ぶべきものに屈服するための力なのである。だから、嘆くべきは、こうした自己が世間でひとかどの者にならなかったことではないのだ。嘆くべきは、むしろ彼が自己自身に気づくようにならなかったことであり、彼が担う自己が完全に輪郭づけられたものであり、その意味で必然的であることに、彼が気づくようにならなかったことなのである。逆に、そうした自己が可能性の中で空想的に自己を反省したので、彼は自己自身を失ってしまったのである。鏡で自己自身を見るときでも、自己自身を見分けられるのでなければならない。見分けられない場合、自己自身を見ているのではなく、一人の人間を見ているにすぎないからだ。だが、可能性の鏡はふつうの鏡ではない。それは、この上なく慎重に扱われなくてはならない。なぜなら、この鏡の場合、そこに映し出されるものは、つきつめてゆけば、真実というわけではないからである。自己が自己自身の可能性の中でこれこれのように見えるということは、真実の半分にすぎないのだ。なぜなら、自己自身の可能性においては、自己は自己自身からいまだ遠く隔たっていて、ただ半分だけ自己自身であるにすぎないからである。そこで、この自己の必然性が自己のことを、より正確なところ、どのように輪郭づけているのかが、問題になってくるわけである。可能性とは、子どもがあれこれの娯楽に招待されるときのようなものだ。子どもはすぐ乗り気になる。だが、両親がそれを許すかどうかが問題なのである——この両親にあたるのが、必然性なのである。

まったく、可能性においては何だって可能なのだ。だから可能性の中をありとあらゆる仕方でさまよえるわけだが、本質的には二つの仕方があると言える。一つは願望的で切望的な形態であり、もう一つは憂愁・空想的な形態である（希望－恐怖あるいは不安）。童話や伝説に、一人の騎士の話がよく出てくる。彼は、ふと一羽のめずらしい鳥を目にすると、すぐそばにいるように見えたので、その鳥を追いかけて走り続ける——だが、その鳥はまた飛び立ってしまう。とうとう夜になり、彼は迷い込んだ荒野の中で道を見失って、仲間たちからはぐれてしまう。願望の可能性とは、これと同じことである。人は可能性を必然性に連れ戻そうとはせず、可能性のあとを追って走りだす——そして、とうとう自己自身への帰路を見失ってしまうのである。憂愁の場合には、それと反対のことが同じ仕方で起こる。人は、ある不安の可能性を、憂愁を感じながらもそれを愛するがゆえに追い求める。その可能性は、最後には彼を彼自身から遠く引き離してしまい、かくして彼はその不安の中で失われてしまうのである。つまり、彼は、その中で自分は失われてしまうのではないかと不安に感じていたものの中で、失われてしまうのである。

β　必然性の絶望は可能性を欠くことである

可能性の中をさまようことを、乳児の母音ばかりの発音になぞらえるとすれば、可能性を欠くこととは口がきけないことのようなものである。必然的なものは子音に他ならないのであって、それを発音するには可能性がなければならない。可能性を欠くとき、人間という存在が可能性を欠いた状態に追いやられるとき、その人間は絶望しているのであり、可能性を欠くあらゆる瞬間に絶望しているのである。

さて、とりわけ希望に満ちあふれた年頃というものがある、と一般には考えられている。あるいは、自分の人生のあるときに、とくにこれこれのときに、希望と可能性に満ちあふれている、あるいは満ちあふれていた、と言われることがある。けれども、これらはすべて人間的な言い草にすぎず、真実には触れていない。そうした希望や絶望はどれも、いまだ真なる希望でもなければ、真なる絶望でもない。

決定的なのは、神にとってはすべてが可能であるということだ。[*23] これは永遠に真理であって、だからどんな瞬間にあっても真理なのだ。こうした言葉は日常的に口にされているし、日常的に口にされているのがこうした言葉ではある。けれども、人間がぎりぎりのところまで追いつめられ、人間的に言ってどんな可能性も残されていないとき、そのときはじめて、その言葉は決定的なものになるのだ。そこでは、神にとってはすべてが可能であるということを、彼が信じようとするかどうか、つまり彼が信じることを望むかどうかが問題になる。これは知性を失うことを表す公式に他ならないだろう。信じるとは、まさに神を勝ち取るために知性を失うことなのだ。こんなふうに考えてみれば分かるだろう。想像力のせいでわななきながら、絶対に耐えられないようなあれこれの恐ろしいことを思い浮かべている一人の人間がいるとしよう。さて、まさにその恐ろしいことが彼の身に降りかかるとする。人間的に言えば、彼の破滅は何より確実なことだ——彼の魂の絶望は、絶望する許しを得ようと、絶望的に戦う。こう言ってよければ、絶望するという落ち着きを得ようと、絶望することに全人格の同意を得ようと、絶望的に戦うのである。だから、彼が絶望するのを妨げようとする人、妨げようとする試み以上に、彼が呪うものはない。詩人の中の詩人[*24]が、じつにうまく、卓越した手法で、このことを描き出している（「こんなにも甘美な絶望の道から私を連れ出すとは、従兄弟よ、おまえを呪おう！」[*25]（『リチャード二世』第三幕第三場））。こうなってしまうと、人間的に言えば、救済など何よりも不可能なことである。だが、神にとってはすべてが可能なのだ！　ここに信仰の戦いがあるのであり、それは、言ってみれば、可能性を求めての狂気に満ちた戦いなのだ。可能性こそが、唯一の救いなのである。誰かが失神した場合、水だ、オーデコロンだ、気付け薬だ、と叫び声が上がる。それに対して、誰かが絶望しようとしている場合には、可能性だ、可能性を作り出してやるんだ、可能性が唯一の救いだ、という声がふさわしい。可能性があれば、絶望者は息を吹き返し、生き返るのである。可能性を欠くとき、人間は、いわば呼吸することができないのだ。人間的な想像力の働きだけで可能性を作り出せるときもある。けれども、最後の最後には、つまり信じることが問題となる局面では、神にとってはすべてが可能であるということだけが、人間を救い出すのである。

こうして戦いが繰り広げられる。そこで戦う者が破滅してしまうかどうかは、ひとえに彼が可能性を作り出そうとするかどうかに、つまり彼が信じようとするかどうかにかかっている。その一方で、彼としては、人間的に言えば自分の破滅は何より確実なことだということを理解しているのである。これこそが、信じることにおける弁証法というものだ。ふつうの人間は、これこれのことが自分に降りかかってくるようなことは、願わくは、おそらくは（などなど）、なかろうと考えているだけである。だから、そうしたことが彼の身に降りかかれば、彼は破滅してしまう。無鉄砲な者は、いろいろな可能性を孕んだ危険の中に突っ込んでゆくのだが、そうした危険が自分の身に降りかかると、絶望し、破滅してしまう。信じる者は（自分の身に降りかかってきたことの中に、あるいは自分があえて行ってきたことの中に）人間的な意味で、自分の破滅を見て取り、自分の破滅を理解する。けれども、彼は信じるのである。だから、彼は破滅しないのだ。彼は、どのように自分が救い出されるかについては、完全に神にゆだねる。それでいて、神にとってはすべてが可能であるということを信じるのである。自分の破滅を信じること、そんなことは不可能だ。人間的には自分の破滅がすぐそこにあることを理解しながら、それでも可能性を信じること、これこそが信じるということなのだ。そうしてこそ、神もまた彼を救い出されるのである。それは彼に恐ろしいことを免れさせることによってであるかもしれない。あるいは、奇跡的に、神的に、いつの間にか救いが示されるというふうに、恐ろしいことそれ自体によってであるかもしれない。私はそれを「奇跡的」と言う。人間が奇跡的に救い出されたなんて、一八〇〇年前に起こったことでしかないだろう、などと言うのは、おかしな知ったかぶりだ。ある人が奇跡的に救い出されたかどうかは、本質的には、その人が、どれほどの知性の情熱によって、救いは不可能であるということを理解していたかにかかっているし、その上で、その人が、それでも自分のことを救い出してくれる力にどれだけ誠実であるかにかかっているのである。人間は、ふつう、このどちらも行うことはない。人間は救いを見つけ出すのに知性の力を振り絞ろうともしないで、救いなど不可能だとわめく。それで、しばらくすると、恩知らずにも嘘をつくのである。

信じる者は、可能性という、絶望に対する永遠に確かな解毒剤を手にしている。それは、神にとってはあらゆる瞬間にすべてが可能である、というところに根差している。これが信仰の健康というものであり、それが矛盾を解消する。矛盾とは、この場合、人間的に言えば破滅が確実でありながら、それでも可能性が存在するということである。健康とは、概して、矛盾を解消することができるということだ。肉体的、生理的にもしかりである。息を吸うことは一つの矛盾である。なぜなら、息を吸うことは冷と温の混成であり、非弁証法的だからである。けれども、健康な肉体は、この矛盾を解消し、とくに意識することなく息を吸う。信仰の場合も同じことなのだ。

可能性を欠くということは、ある人にとって、すべてが必然的なものになってしまったか、あるいは、すべてが陳腐なことと化してしまったか、そのいずれかを意味する。

決定論者、運命論者にとってはすべてが必然性であり、だから彼は絶望していて、絶望する者として自分の自己を失ってしまっている。彼は、口にするものすべてが金になってしまったために飢えて死んでしまった、あの王様[*26]のようなものだ。人間という存在は、可能性と必然性の総合である。そこで、人間という存在が成り立ち続けることを、息を吸って吐き出すという呼吸（呼吸作用）になぞらえることができる。決定論者の自己は呼吸することができない。なぜなら、必然的な物事だけを呼吸するのは不可能で、それでは人間の自己は窒息してしまうばかりだからである。——運命論者は、絶望していて、神を失ってしまっており、だから自分の自己を失ってしまっている。というのも、神を持たない者は自己もやはり持たないが、運命論者は神を持たないからである。あるいは、同じことだが、彼の神は必然性だからである。神にとってはすべてが可能であるわけだから、神とは、すべてが可能であるということなのだ。ということは、運命論者が神を礼拝するとして、それはせいぜいのところ感嘆の言葉であり、本質的には無言、無言の服従なのである。彼は祈ることができないのだ。祈ることというのは呼吸することでもあり、自己にとっての可能性とは、呼吸にとっての酸素に相当する。人間は酸素だけを、あるいは窒素だけを呼吸するわけにはゆかないように、可能性だけでは、あるいは必然性だけでは、祈りという呼吸には不十分なのである。祈るためには、神と自己が――そして可能性が――なくてはならないのである。あるいは、うがった言い方をすれば、祈るためには、自己と可能性がなくてはならないのである。それはつまり、神とはすべてが可能であるということだからであり、あるいは、すべてが可能であるということが神だからである。そして、すべてが可能であるということを理解することで精神となるほどに自分の本質が震撼させられた人、そのような人だけが、神との関係に入ることができるからである。神の意志が可能的なものだから、私は祈ることができるのだ。もし神の意志が必然的なものにすぎないなら、人間は、本質的に動物と同じで、何も口に出しはしないだろう。

俗物性、陳腐なこともまた本質的に可能性を欠くわけだが、事情はいくらか異なっている。俗物性とは無精神性であり、決定論と運命論は精神の絶望であるが、無精神性もやはり絶望だということである。俗物性は、精神の規定をことごとく欠き、起こるかもしれないあれこれの物事の中に埋没するが、あの可能的なものは、そうした蓋然的な物事の中では、ごく断片的にしか形をとらない。このように、俗物性には、神に気づくようになるための可能性が欠けているのである。俗物は、酒屋の主人であろうと大臣であろうと、たいがい想像力を眠らせたままであり、物事がどんな具合に進行しているか、どんなことが起こりうるか、いつもどんなことが起こっているかといったことについての経験の、いわば陳腐な寄せ集めの中を生きている。そんなふうにして、俗物は自己自身と神を失ってしまっているのである。それはなぜか。自分の自己と神に気づくようになるためには、想像力が人間を揺さぶって、蓋然的な物事という大気圏より高くまで連れ出さねばならず、想像力が人間をそこから引き離さなくてはならない。そして、想像力が、経験の「総量〔qvantum satis〕」を超え出るものを可能にしてやることで、人間に、望みかつ恐れることを、あるいは恐れかつ望むことを教えなくてはならない。それなのに、俗物は想像力を持たず、持とうともせず、忌み嫌う。だから、ここには救いというものがない。そして、人生を送っていると、陳腐な経験の空疎な知恵を超え出るような恐ろしいことを通じて、ときどき助け舟が現れることがあるが、俗物性は絶望してしまう。つまり、そうして自分のあり方が絶望だったことが明らかになるのである。このように、俗物性は、確実な破滅から神の手により自己を救い出すことができるための、信仰の可能性を欠いているのである。

運命論と決定論の方は、可能性について絶望するに足るだけの想像力を、不可能性を見て取るに足るだけの可能性を持っている。俗物性はといえば、陳腐な物事の中に安住していて、物事がうまくいっていてもそうでなくても、結局は絶望している。運命論と決定論の方は、緩めやわらげるための可能性を、必然性を調節するための可能性を、それゆえ緩和作用としての可能性を欠いている。俗物性は、無精神性からの覚醒作用としての可能性を欠いているのである。こんなふうに説明できるだろう。俗物性は、可能性を意のままにしているつもりでいる。可能性の巨大な弾力性を蓋然的な物事の罠にはめたつもりで、あるいは精神病院の檻の中に騙し入れたつもりでいて、その弾力性を閉じ込めたつもりでいる。俗物性は、可能性を蓋然性の檻に閉じ込めて引き回し、それを見世物にして、自分がその主人であるかのように妄想している。けれども、俗物性は、じつはそれによって自分の方が檻に入ってしまっており、自分が無精神性の奴隷に、何よりも哀れな者になってしまっていることに気づかないのである。可能性の中で道を見失ってしまう人の場合には、向こう見ずに絶望することで、ふらふらとさまよい歩く。すべてが必然と化した人の場合、絶望の中で絞りつくされて、生きることにくじけてしまう。だが、俗物性はといえば、精神を欠いているおかげで、得意顔に闊歩するのである。

B　意識という規定の下に見られた絶望

意識の度が高まるとき、あるいは意識の度の高まりに比例して、絶望の強度はたえず高まってゆく。意識が増せば増すほど、絶望は強まるのである。このことは至るところで見られはするものの、絶望の最高度と最低度においてもっとも明瞭に見て取ることができる。悪魔の絶望は、もっとも強度の高い絶望である。なぜなら、悪魔とは純然たる精神[*27]であって、そのかぎりで、絶対的な意識であり、透明性だからだ。悪魔には言い逃れの口実になりうるような曖昧さはなく、だから悪魔の絶望は絶対的な反抗なのである。これが絶望の最高度である。絶望の最低度は、人情としてこんなふうに言いたくなってしまうのだが、ある種の無邪気さであり、それが絶望であることを知ってさえいない状態である。だから、無意識性が最高度であるとき、絶望はもっとも強度が低いわけである。このような状態を絶望と呼んでいいのかどうかという点は、弁証法がからんでくる問題だろう。

a　絶望を絶望と知らずにいる絶望。あるいは、自己を、永遠な自己を持っていることについての絶望的な無知

こうした状態がそれでもやはり絶望であり、また絶望と呼ばれることに正当性があるということは、良い意味で真理の頑固さと呼ばれるべきことの一端である。「真理とは、真理と虚偽の指標である[*28]〔Veritas est index sui et falsi〕」。けれども、こうした真理の頑固さは、しかるべき尊重を受けてはいない。例えば、人間が真実との関係を、真実と関わり合いになることを最高の善と見なすのがふつうであるなどということは、まずありそうもない話だろう。また、人間が、ソクラテスのように、誤謬のうちにあることを最大の不幸と見なす[*29]などということは、輪をかけてありそうもないことだろう。人間にあっては、感覚的なものが知性をはるかに凌駕してしまうというのが、お決まりなのだ。それだから、ある人が、真理の光に照らしてみればじつは不幸なのに、幸福であるかのようなうわべで、自分でも幸福であるようなつもりになっているとき、その人がこの誤謬から引き離されることを望むなどということは、まずありえないことなのだ。それどころか、そういう人は腹を立て始めてしまう。

誤謬から引き離そうとする人をもっとも忌々しい敵と見なし、そうした仕打ちを中傷と受け取り、「幸福の息の根を止める」というよく言われる意味で、殺人のようなものと見なすのである。どうしてそんなことになってしまうのか？　それは、感覚的なものが、感覚的で心的なものが、彼をすっかり支配してしまっていることによる。彼が快・不快といった感覚的なものの範疇の中で生きていて、精神や真理だとかには暇を出してしまっていることによる。彼が感覚的すぎるあまり、あえて精神であろうとするための、精神であることに耐え抜くための、勇気を持たないことによるのである。人間というものは、虚栄心とうぬぼれがどれほど強くなったところで、自己自身については本当にちっぽけな観念しか持たないものだ。つまり、そうした人間は、精神であることについて、自分がそうでありうる絶対的なものについて、どんな観念も持たないのである。それでいて、お互いを見比べて、虚栄心とうぬぼれを強めるのである。地下室と一階と二階からなる一軒の家のことを考えてみよう。その家は、各階の居住者のあいだに身分の区別を設けていて、その区別に応じて住まわれるようになっており、また設備も整えられているとしよう。人間というものを、この家になぞらえて捉えてみよう。すると、たいていの人間は自分の家なのに好んで地下室に住みたがるという、悲しくもあり、また笑いたくもなる事実が浮かび上がってくる。人間はみな、精神であることを企図された心と身体の総合であって、そのようにできている。それなのに、人間は地下室に、つまり感覚の規定の中に住みたがるのである。それも、地下室の方をどちらかといえば好むなどというものではない。誰かが彼に向かって「空いていてご自由にお使いになれるのですから、広い居間にお住まいになられてはいかがですか？　ご自分のお家にお住まいなわけですから」などと口出しすると、腹を立ててしまうほどにまで、人間は地下室に住むことを好むのである。

実際、これはまったく非ソクラテス的なことだが、人間がもっとも恐れないことは何かといえば、誤謬のうちにあることなのである。このことをかなりくっきりと浮き彫りにする、驚くべき事例がある。ある思想家が[*30]、巨大な建物を、人間という存在や世界史などのすべてを包括する体系を築き上げている――さて、彼の個人的な生活の方をのぞいてみると、何とも驚いたことに、彼自身は、この壮大な、高い円天井のついた宮殿には住まず、その脇の物置か、犬小屋か、あるいはせいぜいのところ門番小屋に住んでいるという、恐ろしくもあり、また笑いたくもなる事態が露見するのである。もしこうした矛盾に気づかせるような言葉を一言でも発しようものなら、彼はむっとしてしまうことだろう。というのも、彼にしてみれば、その体系さえしつらえてしまえばそれでよいわけで、誤謬のうちにあることなど恐れるに足らないことだからだ――誤謬のうちにあることは、体系をしつらえる助けにすらなるだろう。

というわけで、絶望している者が、自分の状態が絶望であることを知らないところで、事態に変わりはない。彼はやはり絶望しているのである。絶望が逸脱であるとして、絶望について無知であるとは、それに加えて、それに気づいていないというだけのことである。絶望と無知の関係は、不安と無知の関係に近い（ヴィギリウス・ハウフニエンシス著『不安の概念』参照）[*31]。無精神性の不安は、精神を欠いた安心においてこそ形をとる。けれども、その根底にはやはり不安が潜んでいるわけである。それと同じように、精神を欠いた安心の根底には絶望もまた潜んでいて、幻覚の魔法が解けるとき、人生がゆらぎはじめるとき、根底に潜んでいた絶望がたちどころに姿を現すのである。

自分が絶望していることについて無知である絶望者は、それについて意識している絶望者と比べると、否定一つぶんだけ真理と救済から遠いところにいる。絶望それ自体は一つの否定性であり、絶望についての無知はもう一つの新しい否定性である。そして、人は真理に到達するためには、あらゆる否定性を通り抜けなくてはならないのだ。つまり、魔法を解くためには楽曲が後ろからすべて演奏されなくてはならず、そうしないと魔法は解けないという、あの伝説[*32]の言うことが、ここでも当てはまるわけである。ところで、自分の絶望について無知な者が、それを知っていながらなお絶望にとどまり続ける者より真理と救済からいっそう遠いところにいるというのは、ただ一つの意味、純粋に弁証法的な意味でのことである。つまり、別の意味、倫理的・弁証法的な意味では、絶望について意識的でありながらも絶望し続ける者の方が、絶望はより強まっているのであって、救済からより遠ざかっているわけである。とはいえ、無知というものは、絶望を取り去ったり、絶望を絶望ではないものに変えたりするものではなく、むしろ絶望のもっとも危険な形態でありうる。この絶望者は、無知であることで、自分の絶望に気づくようになることから守られているわけで、それはつまり、彼が絶望の力の中に身をゆだねて安心しきっているということであり、それは彼自身にとっての破滅なのである。

絶望していることについて無知であるとき、人間は自分を精神として意識している状態から、もっとも遠く離れたところにいる。そして、自分を精神として意識していない状態こそ、無精神性の絶望に他ならない。この状態は、まったくの無気力状態やたんなる無為の生活であったり、あるいは活気に満ちた生活であったりもするが、その内実は結局のところ絶望なのである。絶望について無知な者が活気に満ちた生活を送っている場合、その絶望者は進行性の病気を病む人に似ている。彼は、ちょうど病気がもっとも危険な局面にあるときに、もっとも調子がよく、これ以上ないほど健康だと思い、おそらく他人の目にも健康で輝いて映るのである。

この形態の絶望（絶望についての無知）は、世間にもっともよくあるものである。実際、世間と呼ばれているもの、あるいは、もっと正確に規定すれば、キリスト教が世間と呼ぶもの、つまり異教とキリスト教内の自然のままの人間、言い換えれば、歴史を通じて昔も今も存在し続けている異教とキリスト教内の異教は、まさにこの種の絶望である。絶望であるのに、そのことを知らないのである。確かに、キリスト教内の自然のままの人間も異教も、絶望していることと絶望していないことを峻別する。つまり、ほんの数人だけが絶望しているかのように、絶望について語られるわけである。だが、この区別は、異教とキリスト教内の自然のままの人間が愛と自愛を区別して、まるでこうした愛のすべてが本質的に自愛であるのではないかのように見なすのと同じく、当てにならないものである。とはいえ、異教もキリスト教内の自然のままの人間も、この当てにならない区別より先に進むことはできなかったし、また今もそうすることができずにいる。なぜなら、彼らの絶望の特質は、自分が絶望していることについて無知であるという、まさにその点にあるからである。

ここで判然としてくるのは、美的な概念である無精神性は、何が絶望であり何がそうでないかを判断するための尺度を提供するようなことは決してない、ということである。これはまったく理にかなったことと言えよう。精神とは真実のところ何であるのかということは、美的には規定されえないのに、どうして美的なものが、美的なものにとって存在するわけではない問いに答えることができるというのか！　異教の国民たちが「束になって〔en masse〕」、あるいはまた個々の異教徒が、これまで詩人たちの刺激の源になってきた、そしてこれからもそうなるであろう、驚くべき偉業を成し遂げてきたということを否定するのは、どうしようもなく愚かなことだろうし、異教が美的な観点で称賛し尽くせないような例をいくつも示してくれていることを否定するのは、やはりどうしようもなく愚かなことだろう。また、与えられた恩恵のすべてを味わい尽くして利用し、芸術や学問でさえ享楽を高めたり美しくしたり洗練させたりするために役立たせるような、この上ない美的な享楽に満ちた生活が、異教において営まれてきたし、またキリスト教内の自然のままの人間によっても営まれうるということを否定するのは、やはりばかげたことだろう。こうしたことを否定しているのではなく、無精神性という美的な規定では、何が絶望であり何がそうでないかを判断するための尺度は提供されない、と言っているのである。用いられなくてはならない規定、それは倫理的・宗教的な規定であり、精神か、それともその否定としての精神の欠如、つまり無精神性か、である。自分のことを精神として意識していない、言い換えれば、自分のことを精神として、神に面する一人の人間であるように意識していない、あらゆる人間の生き方は、絶望なのである。神のうちに透明に基礎を置かず、抽象的な普遍物（国家、国民など）の中に漠然と安住したり没入したりするあらゆる人間の生き方——自分の自己についてうすぼんやりした状態にあって、自分の才能について、ずっと深い意味で、なぜ自分がそれを有しているかを意識するようになることもなく、それをただ活力としてのみ解するような生き方——自己とは自分の内面を探って理解されるべきなのに、それをなんだかよく分からないものとして解してしまっている生き方——こうした生き方はすべて、たとえそれが何を成し遂げようとも、もっとも驚くべきことを成し遂げようとも、たとえそれが何を説明しようとも、存在するもののすべてを説明しようとも、それがどれだけ徹底的に人生を美的に享楽しようとも、こうした生き方はすべて、結局のところ、絶望なのである。昔の教父たち[*33]が「異教徒の徳は輝かしい悪徳である」と言ったのは、このことを意味していたのである。つまり、異教徒の内実は絶望であり、異教徒は自分のことを神の前で精神として意識していないということである。ここから次のような事例も姿を現す（私はそれを一つの例として取り上げるが、この例は、さらにまた、じつはこの探究全体とより深い次元で関係してもいる）。異教徒は、自殺について異様なほど性急に判断を下し、それを称賛した[*34]、ということである。自殺とは、精神にとっては、むしろもっとも決定的な罪であり、人生からの逃避であり、神に対する反逆である。異教徒は、自己というものについての精神的な規定を欠いていたのであり、だから自殺〔自己を殺すこと〕についてこのような判断を下したわけだ。それも、盗みや姦淫について道徳的に厳格に判断を下した、その同じ異教徒が、である。彼は自殺に対するその観点を欠いていたのであり、神との関係と自己を欠いていたのである。自殺とは、他の誰にも関わりのないことなのだから、どうでもいいこと、誰もが思うままにやっていいことだ——異教的に考えればそうなる。もし異教の観点から自殺を戒《いまし》めようとするなら、自殺することで他の人たちに対する義務を伴った関係を破ることになってしまうのを示すことによってであり、長い迂回路を経なくてはならないだろう[*35]。自殺とは神に対する悪事に他ならないという、自殺にまつわるこの要点が、異教徒にあってはすっぽり抜け落ちてしまっているのである[*36]。だから、異教徒の自殺については、それは絶望であると言うことはできない。というのも、そのように言ってしまえば、論点先取の虚偽[*37]を犯してしまうことになるからである。むしろ、異教徒が自殺についてこんなふうに判断してしまったこと、そこに絶望があると言わなくてはならない。

　ところで、より厳密な意味での異教と、キリスト教界の中の異教のあいだには、やはり違いが、それも質的な違いがあるし、またどこまでもあり[*38]続けるだろう。それは、ヴィギリウス・ハウフニエンシスが不安との関連で注意を促した違いである。つまり、異教は確かに精神を欠いてはいるが、精神への方向をとっているのに対して、キリスト教界の中の異教は、精神から離脱する方向で、つまり背教によって精神を欠いているのであり、だからもっとも厳密な意味で無精神性なのだ、という違いである。

b　自分が絶望であることを意識している、したがって自分が何か永遠なものを包有している自己を持っていることを意識している絶望。そこで、この絶望は、絶望して自己自身であろうとしないか、それとも、絶望して自己自身であろうとするか、そのいずれかである

当然のことながら、ここで、自分の絶望を意識しているその当人が、絶望とは何であるかについての真なる観念を持っているか否かという点で、線引きがされなくてはならない。ある人が自分の持っている観念に照らして自分のことを絶望していると言い表すことには正当性がありうるし、また、絶望しているという点でも彼はやはり正しいのかもしれない。だからといって、その人が絶望についての真なる観念を持っているということにはならない。絶望についての真なる観念の下に彼の生を眺めてみたとき、「きみは、じつのところは、自分で思っているよりはるかに多く絶望している。きみの絶望はずっと奥深いところに突き刺さっている」と言わざるをえないかもしれないのである。（先述の内容を思い起こしていただきたいのだが）異教徒の場合がそうだ。異教徒が他の異教徒たちと比べてみて自分のことを絶望していると見なすとき、自分が絶望しているという点では確かに彼は正しかったが、他の異教徒たちが絶望していないと考える点では彼は正しくなかった。つまり、彼は絶望につ

いての真なる観念を持っていなかったのである。

　このように、意識的な絶望には、一方で、絶望とは何であるかについての真なる観念が求められる。他方では、自己自身に関する明瞭さが求められるのである。つまり、自己自身に関する明瞭さと絶望が両立しうるかぎりで、ということであるが。自分が絶望しているということについての自己自身に関する完全な明瞭さが、絶望するということとどの程度まで併存しうるのか、つまり、このような認識と自己認識の明瞭さは、人間を絶望から目覚めさせるだけでなく、自己自身のあり方を目の当たりにした人間を震撼させて、絶望するのを止めさせるのかどうか、このことについては、のちに全面的な探究の場が設けられることになる[*39]から、私はここで結論を下そうとは思わないし、またそれを試みようとも思わない。ここでは、この思索を弁証法的に行き着くところまで進めることはせず、絶望とは何であるかについての意識の程度がさまざまでありうるように、自分自身の状態に関する、自分自身の状態が絶望であるということに関する意識の程度もさまざまでありうるということに、注意を払うにとどめよう。現実の生はじつに多種多様であり、自分が絶望していることに完全に無知である絶望と、そのことに完全に意識的である絶望のあいだの対照性といった、抽象的な対照性が端的に立ち現れてくるようなことはありえない。絶望者は概して自分自身の状態に関してなんとも曖昧であるということ、そのことは、そこにもやはり多種多様さが見られるとはいえ、確かである。絶望者は、自分が絶望していることについて、ある程度までは自分でよく知っているものである。肉体に病気を抱えている人がそのことに自分で気づくように、絶望者はそのことに自分で気づく。けれども、彼はそれがどんな病気であるのかを率直に認めようとしないのである。とある瞬間には、自分が絶望していることは自明のことのように思われてくるが、また別の瞬間には、自分の気分が優れないのには別の原因があるように、その原因は何か外的なもの、自分の外のものであるように思われてきて、もしそれが改まれば自分は絶望などしないだろうと思われてくるのである。あるいは、絶望者は、気晴らしやその他の手段によって、例えば仕事やら忙しさにかまけるという気晴らしによって、自分の状態に関して曖昧なままであろうとするかもしれないが、そのような場合でも、その曖昧さを手にするために自分は仕事やら忙しさにかまけているという実情は、彼にははっきりとは分からないのである。あるいは、絶望者は、自分がそんなふうにして働くのは曖昧さの中に魂を沈めこんでおくためであり、ある種の眼識と打算、心理学的な洞察がそこにはあるのだということについて自覚的でありさえするかもしれないが、それでも、自分がいったい何をしているのか、自分の振る舞いがどれほど絶望的なものなのかについて、より深い意味では、はっきり自覚していないのである。つまり、どんな曖昧さや無知の中でも、認識と意志の弁証法的な合奏が行われている、ということだ。人間というものを理解しようとするとき、認識にだけ重点を置いてしまったり、意志にだけ重点を置いてしまったりすれば、誤ってしまいかねないのである。

とにかく、先に述べたように、意識の度が絶望を強める。ある人が持つ絶望についての観念が真であればあるほど（それでもなお彼が絶望にとどまるかぎり）、そして自分が絶望していることについてのその人の意識が明瞭であればあるほど（それでもなお彼が絶望にとどまるかぎり）、その人の絶望はより強いわけである。自殺は絶望だという意識を持ちながら、それゆえ絶望とは何であるかについての真なる観念を持ちながら自殺する者の絶望は、自殺は絶望だという真なる観念を持たずに自殺する者の絶望より強いのだ。逆に、自殺についての観念が真でない場合、絶望は弱まる。見方を変えれば、ある人が自殺するとき、自己自身についての意識（自己意識）が明瞭であればあるだけ、彼の絶望は、彼より混乱していて曖昧な心の持ち主の絶望と比べれば、強いわけである。

さて、以下において、私は意識的な絶望の二つの形態を探究してゆくが、その際、絶望とは何であるかについての意識の上昇と、ある人の状態が絶望であるということについての意識の上昇もまた示されることになるだろう。あるいは、同じことであり決定的なことであるが、自己についての意識の上昇が示されることになるだろう。ところで、絶望していることの反対は、信仰していることである。だから、絶望がまったく存在しない状態を表すものとして先に持ち出した公式が、信仰することの公式でもあるのは、まったく理にかなったことなのである。その公式とは、自己が、自己自身に関係するとき、そして自己自身であろうとするとき、自己を措定した力に透明に基礎を置いている（AのA参照）、というものである。

α　絶望して自己自身であろうとしない場合、弱さの絶望

この形態の絶望のことを弱さと呼ぶとき、そこにはすでに、絶望して自己自身であろうと

するという、もう一つの形態の絶望（β）についての思慮が含まれている。つまり、この対立は相対的なものにすぎないわけである。どんな絶望も、反抗なしにはありえないのだ。実際、「あろうとしない」という表現そのものの中に、反抗が姿を現しているだろう。他方で、絶望の最高の反抗ですら、結局のところ、いくばくかの弱さなしには決して存在しないのである。だから、この区別は相対的なものにすぎない。一つ目の形態は、いわば女性らしさの絶望であり、二つ目の形態は男性らしさの絶望である。[(1)]

（1）心理学的な視点から現実を見渡してみれば、思念の上で正しく、また妥当であるはずでもあり、またそうであるに違いないこの区別が、事実妥当であり、そしてこの分け方が絶望のすべての現実を包括していると確信するようになる機会を、折に触れて持つことだろう。子どもについてはどうかと思われるかもしれないが、子どもの場合は絶望とは言われず、せいぜい不機嫌と言われるくらいである。それはなぜかというと、大人は永遠なものを持つべきなのだから、大人に永遠なものを求めるのは正当なことだが、子どもの場合、永遠なものはせいぜい「可能的に[*40]〔*κατα δυναμιν*〕」認められていると想定できるくらいのもので、子どもに永遠なものを求めるのは正当なことではないからである。また、私としては、女性において男性的な絶望の諸形態が姿を現しうるということ、逆に男性において女性的な絶望の諸形態が姿を現しうるということを否定するつもりは微塵もないが、そうしたことは例外なのである。言うまでもなく、理念的なものというのはじつに稀であって、男性らしさの絶望と女性らしさの絶望のこの区別も、それが完全に正しいと言えるのは、ただ純粋に理念的に考えてみるときにかぎってのことである。女性は、男性よりどれほどやさしくて繊細であるとしても、自己についての利己的に発達した観念も、決定的な意味での知性も持ち合わせていない。むしろ、女性の本質とは献身性、従順さであり、もし献身的でも従順でもないなら、それは非女性的なのである。じつに不思議なことなのだが、女性ほど猫かぶり（この語はまさに女性のために造られたようなものだ）であったり、残酷なまでに選り好みをしたりする存在はないが、それでも女性の本質は献身性なのである。むしろ（じつに驚くべきことに）こうしたことのすべてが、じつは女性の本質が献身性であることの表現なのである。どういうことかというと、女性がその女性的献身性を余すところなく自分の本質としているがゆえに、自然は、愛情深くも、女性にまた一つの本能――この本能の細やかさと比べれば、この上なく優れたところまで発達した男性の反省さえ取るに足らないものになってしまう――を付与したということである。この女性の献身性、ギリシア風に言えば神からの賜物であり富は、じつに望ましいものであり、むやみに放り出してしまうのはよくない。とはいえ、どれだけ見通しの利く人間的反省であっても、その献身性を適切に使いこなせるほどの眼識は持ちえない。だから、自然が女性の世話を引き受けているのである。女性は、本能的に、目をつぶったままでも、もっとも見通しの利く反省より明瞭に見通すことができるのであり、女性は、自分がどこで敬服を示すべきか、自分が献身すべきは何に対してなのかを本能的に見通すのである。献身性は女性が持つ唯一のもので、だから、自然は女性の守護者たらんとしたのである。女性らしさというものが、ある変化を経てはじめて姿を現すのも、そのためである。女性らしさは、どうしようもないほどの猫かぶりが女性的な献身性としてその正体を現すようになるとき、姿を現す。さて、献身性が女性の本質であるということは絶望にも関わってくることで、献身とはじつは絶望の一つの様態でもある。献身するとき、女性は自己自身を失っているが、そうすることによってのみ女性は幸福であり、そうすることによってのみ女性は自己自身である。献身することなしに、すなわち、その対象が何であれ、自分の自己を捧げることなしに幸福であるような女性は、まったく女性らしさを欠く。男性もやはり献身するし、そうしないのはくだらない男だ。けれども、男性の自己は献身ではないし（自己が献身であるというところに、女性の献身には実質が伴っていることが示されている）、それに男性は献身することで自己を手に入れるようなこともなく（女性は別の意味でそうする）、男性は自己自身を手にしているのである。男性は献身する。けれども、男性の自己は、その献身についてのしらふの意識として、あくまで後ろに残される。対照的に、女性は自分が献身する当のものに、まぎれもない女性的な仕方で身をなげうつのであり、自分の自己をなげうつのである。もしその献身する当のものが女性から取り去られてしまうなら、彼女の自己もまた取り去られてしまうのであり、ここに、自己自身であろうとしないことという女性の絶望が形をとるわけである。——男性はそんなふうには献身しない。絶望して自己自身であろうとすることという絶望のもう一つの形態が、男性的なものをよく表している。

男性らしさと女性らしさの絶望の関係については以上のとおりである。ただ、神への献身については、あるいは神との関係については、ここでは述べられていないことに留意していただきたい。それについては、第二編ではじめて取り上げられることになる。神との関係においては、男性と女性といった区別は雲散し[*41]、献身が自己であること、そして献身することによって自己を手に入れるということが、女性と同様に男性にも当てはまるのである。現実としては、ほとんどの場合、女性は男性を通じてのみ神と関係するのではあるが[*42]、今述べたことは男性にも女性にも同じように当てはまるのである。

1　地上的なものをめぐる、あるいは地上的な何かをめぐる絶望

これは純粋な直接性であるか、量的な反省を伴う直接性である。——ここには、自己についての、絶望とは何であるかについての、あるいは自分の状態が絶望であるということについての、無限の意識はまったく存在しない。この絶望は受動的な苦しみにすぎず、外部からの圧迫への屈服であって、決して行為として内部から生じてくるものではない。直接性が口

にする言葉の中に自己だとか絶望だとかが出てくるのは、言ってみれば、言葉の無邪気な誤用によるのであり、子どもが兵隊ごっこをして遊んでいるようなもので、単語で遊んでいるのである。

直接的な人間（直接性がどんな反省もなしに現実の中に姿をとりうるとして）は、ただ心的に規定されているだけであって、彼の自己、彼自身は、時間性と世俗性という枠の中に納まったまま「他のもの」と直接的に関わり合うものであり、その内に何か永遠なものが存在するかのような眩惑的な外見を呈しているにすぎない。その自己は、このように、他のものと直接的に関わり合って、願望したり、懇願したり、享受したりするのだが、受動的にそうするのである。懇願するときでさえ、この自己は、子どもが「ぼくに」と言うときのように、与格なのである。この自己の弁証法は快と不快であり、この自己の持つ考え方は幸運と不運、それに運命である。

さて、こうした直接的な自己に何かが降りかかる。その自己を絶望にもたらすような何かが降り注ぐ。その何かは、それ以外の仕方では生じえない。なぜなら、直接的な自己はほんのわずかな反省も持っていないのだから、絶望にもたらすものは外側からやってこなくてはならないからだ。だから、この絶望は受動的な苦しみにすぎないのである。直接的な人間が自分の人生の要としているもの、あるいは、彼がごくわずかな反省を有している場合であれば、そうした要のうち彼がとくに執着する一部分、それが「運命の一撃」によって奪い去られる。早い話、彼に言わせれば、彼は不幸になるわけだ。つまり、彼の中の直接性が、自力では再生できないほどの打撃をこうむるのである。こうしたことが、彼にとっての絶望なのである。あるいは、現実にはめったに見られないことで、けれども弁証法的にはじつに理にかなったことなのだが、こうした直接性の絶望は、直接的な人間が「あまりにも大きな幸運」と呼ぶものによっても始まる。つまり、直接性というものはきわめて脆《もろ》く、直接性に反省を要求するほどの「度を超えたもの〔quid nimis〕」は何であれ直接性を絶望へともたらすのである。

こうして彼は絶望する。つまり、おかしな仕方で倒錯して、また自己自身についての完全な幻惑の中で、彼は右に述べたようなことを絶望することと呼ぶのである。だが、絶望することとは永遠なものを失うことである――この喪失について、彼は問題にもしなければ、夢の中で思ってみることすらしない。地上的なものを失うことは、それ自体では、絶望することではない。けれども、彼が問題にするのはそのことについてであり、彼はそのことを指して絶望することと呼ぶのである。彼が言っていることはある意味では正しいが、彼の理解がそのままで正しいわけではない。彼は倒錯してしまっているのだから、彼の言うことは逆さに理解されなくてはならないのである。つまり、こういうことだ。彼は立って、自分は絶望していると説明しながら、絶望することではないことを指さしているわけだが、時を同じくして、彼の背後で、彼の知らないうちに、彼の言うとおり、絶望が進行しているのである。それはまるで、ある人が市庁舎に背を向けて立ち、自分の真ん前を指さして「ここにあるのが市庁舎です」と言うようなものだ。その人の言うとおりであって、市庁舎はそこにありはするのだ――彼が回れ右をすれば。このように、彼は絶望していないわけではなく、彼が「自分は絶望している」と言うとき、やはり彼の言うとおりでもあるのだ。それで、彼は絶望していると自称しては、自分のことを、死んでいるように、自分の影のように見なしてしまう。でも、彼は死んでいるわけではなく、言ってみれば、彼という人間のうちにはまだ生命がある。だから、もし一切が突然変化し、あらゆる外的な物事が改まって願望が満たされるなら、彼の内なる生命は息を吹き返し、直接性はふたたび身を起こして、彼は新たに生き始めることになる。さて、直接性が知る唯一の戦法、直接性が知る唯一のことはといえば、絶望して気絶することである――そして、直接性が知らないこと、その最たるものはといえば、絶望とは何であるかということである。直接性は、絶望して気絶し、まるで死んでしまったかのように静かに横たわる。それは「死んだふり」の芸当みたいだ。こうした直接性のやり口は、身動きせずに横になって死んでいるように見せかけること以外に、どんな武器も防御手段も持たない、ある種の下等動物にそっくりである。

そうこうしているうちに時が過ぎる。外部に助けがやってくると、この絶望者の中にふたたび生命がよみがえってくる。彼は自分が投げ出したところからまた始める。彼は自己ではなかったし、自己になることもなかった。そして今、ただ直接的に規定されたまま、生き続けてゆくわけだ。現実には、外部の助けがやってこない場合、別様のことがしょっちゅう生じている。絶望者の中にやはり生命がよみがえってくるのだが、彼は「もうこれ以上、自己自身になど決してなってならない」とつぶやくのである。彼は今では人生についてのちょっとした理解を手にしていて、他の人間たちがどうやって人生をやり過ごしているのかを見て、彼らをまねることを学ぶのである——そして、彼もまた同じようにして生きてゆくのである。キリスト教界では、彼もまたキリスト者なのであり、毎週日曜日には教会へ通い、牧師の言うことに耳を貸して理解する。そう、牧師と彼は了解しあっていて、彼が死ねば、牧師は彼を一〇リウスダラーで永遠に案内する手筈なのである——だが、彼は自己ではなかったし、自己になることはなかったのだ。

この絶望の形態は、絶望して自己自身であろうとしないこと、あるいはもう少し低い程度であれば、絶望してそもそも自己というものであろうとしないこと、あるいはもっとも低い程度であれば、絶望して自己自身とは別のものであろうとすること、新しい自己であろうと願うことである。直接性は、そもそも自己というものを持たず、自己自身のことを知らず、だから自己自身のことを識別することもやはりできず、しまいには現実離れしたところに行き着きがちなのである。直接性は、絶望するとき、自分がならなかったものになっていたら、と願ったり夢見たりするに足るだけの自己さえ持たない。だから、直接性は別の手段で自分を救い出す。つまり、彼は別の人間になることを願うのである。このことは、直接的な人間を観察してみれば、たやすく確かめられるだろう。絶望している瞬間にあっては、別の人間になっていたら、とか、別の人間になりたい、といった願望ほど、彼らにとって手近なものはないのだ。このような絶望者は、人間的に言えば確かに絶望してはいるのだが、じつに無邪気なもので、そのような絶望者を見れば、どうしても笑わずにはいられなくなってしまう。そうした絶望者はどこまでも滑稽なものだと相場が決まっているのだ。ある自己のことを考えてみよう（神の次には、自己ほど永遠なものはない）。その自己が、別の――自己自身とは別の――誰かになることはできないものかと思いついたとしよう。なんともはや、こうした絶望者は、ばかげたことこの上ないこの変身を唯一の願望にしておきながら、それはまるで上着を着替えることでもあるかのように簡単にできるものだと思いたがるのである。なぜだろうか。それは、直接的な人は、自己自身を認識せず、まったく文字どおり上着で自己自身を認識するくらいであって、（ここがまた無限に滑稽なところなのだが）自己を持つということを外面的な物事によって認識するからである。こんなにおかしな混同は、そうそうあるものではない。なぜなら、自己とは、まさに外面的な物事とは無限に異なるものではないか。さて、この絶望者は、自分の目の前で外面的な物事が丸ごと変化してしまい、それで絶望しているわけだから、彼としては、もう一歩進めて次のように考えるようになり、それが彼の願望になる。自分が別の人間になるとしたらどうだろう、新しい自己を手に入れるとしたらどうだろう、と。さて、彼が別の人間になるとしたら、どういうことになるのだろうか――そうしたら、彼は自己自身のことを認識するのだろうか？　ある農民についての話がある。[*43]彼は裸足で上京したのだが、そこでたくさんお金を稼いだので、靴下と靴を買うことができた。それでもたくさんお金が残ったので、彼はたらふく飲むことができた――話はこう続く。彼は酔っ払って家に帰る途中、往来の真ん中で横になるや、そのまま眠り込んでしまった。そこに一台の馬車が通りかかって、その馭者が彼を怒鳴りつけてこう言った。「そこをどけ。どかないと足を轢《ひ》いてしまうぞ」。泥酔した農民は目をさまし、自分の足の方に目をやったが、靴下と靴をはいているおかげで、それが自分の足だと分からず、馭者にこう言ったのだった。「通れ通れ。それはおれの足じゃねえや」。直接的な人が絶望する場合もこれと同じことで、彼のことをちゃんと描き出そうとすると、どうしても滑稽さがつきまとうのである。私に言わせれば、自己や絶望について好き勝手に意味づけして語ること自体、すでにある種の珍芸なのだ。

　直接性が自らへのいくらかの反省を持つと考えられる場合、絶望はいくらかその姿を変える。ここでは、自己についての意識がいくらか増し、それに伴って、絶望とは何であるかについての意識もいくらか増し、そして、ある人の状態が絶望であるということについての意識もいくらか増す。こうした人間であれば、絶望していることについて語ることに、いくらかの意味が出てくる。けれども、彼の絶望は、本質的には、弱さの絶望であり、受動的な苦しみである。それは、絶望して自己自身であろうとしない、という形をとる。

　純粋な直接性と比べてどのような点でこの直接性が前進しているのかは、すぐに見て取れるだろう。この絶望は、打撃によって、何かが降りかかることによって生じてくるとはかぎらず、自らへの反省そのものによって引き起こされうる。とすれば、この絶望は、たんなる受動的な苦しみでも外的な物事への屈服でもなく、ある程度、自己活動であり、行為なのである。ここには、もちろん自らへの反省がある程度あるし、だから自分の自己についての思慮がそれなりにある。この自らへのある程度の反省に伴って、切り離しという事態が生じ、この自己は、自分を取り巻く世界や外面的な物事、それらが自分に及ぼす影響とは本質的に異なるものとして、自己自身に気づくようになるのである。けれども、それもある程度までにすぎない。この自己は、自らへのある程度の反省をもって、自分の自己を引き受けようとするが、おそらくそこで、その自己のあり方における、その自己の必然性における、あれこれの困難に出くわすことになる。それというのも、誰の身体も完全ではないように、誰の自己も完全ではないからだ。この困難が、それがどのようなものであれ、彼をしり込みさせるのである。あるいは、彼が自らへの反省によって自分でこうした困難に出くわす場合よりも、彼の中のもっとずっと深いところで、直接性と絶縁するような何かが生じてくることもある。あるいは、ひとたびそれが姿を現してしまえば直接性との断交が生じてしまうような、ある可能性を、彼の想像力が見つけてしまうことだってある。

　こうして彼は絶望する。彼の絶望は、自己主張の絶望とは対極の、弱さの絶望であり、自己の受動的な苦しみである。けれども、彼は自らへの相対的な反省のおかげで、自分の自己を守ろうと努めるのであり、この点にも純粋に直接的な人との違いが見られる。彼は自己を放棄することは結局のところ取り引きであることをわきまえていて、だから直接性の人のように打撃をこうむって卒倒してしまうようなことはない。彼は、自己のことを失わないようにすれば、他に失ってしまいうるものがたくさんあるということを、反省のおかげで理解しているのである。彼はいろいろと譲歩する。彼にはそうすることができるのである。なぜか？　なぜなら、彼は、ある程度、外的な物事から自分の自己を切り離しているからであり、漠然とではあっても、その自己のうちにはやはり何か永遠なものが存在するに違いない、という観念を持っているからである。だが、彼のそうした奮闘もむなしい。彼が出くわしたこの困難は、直接性の全体との絶縁を要求するが、彼はそうするための自己反省を、倫理的な反省を持ち合わせていないのである。彼は、一切の外的なものからの無限の抽象によって獲得される自己というものについての意識を、まったく持っていないのだ。この自己は、外衣をまとった直接性の自己とは対照的な、抽象された裸の自己であり、無限の自己のもともとの形態であって、自己が自分の現実の自己をそのもろもろの困難や好ましいところとともに無限に引き受ける全過程の推進力なのである。

というわけで、彼は絶望するのだが、彼のその絶望とは、自己自身であろうとしないことなのである。その一方で、別の人間になりたいなどというおかしなことは、彼にはまず思い浮かばない。彼は自分の自己との関係を保持しており、そのかぎりで反省が彼のことを自己に結びつけているのである。自分の住まいとの関係で、ある人に生じうるのと同じようなことが、自分の自己との関係で、彼にも生じる（自己と自己自身との関係は、人と住まいとの関係のようにいい加減なものではないというところに、滑稽な点がある）。煙が立ち込めるとか、あるいは他のささいな原因で、その住まいがいやになってくると、彼はそこを離れるが、それでも転居するわけではないし、新しい住まいを確保するわけでもない。彼は今までの住まいがやはり自分の住まいだと思っている。彼はこうしたことはいずれ終わると見越しているのである。この絶望者の場合も同じことである。困難が続いているかぎり、彼は自己自身に立ち返る（特別な含蓄を込めて口にされている言葉だ）などということはするつもりはないし、自己自身であろうとなどしない。けれども、こうした困難もいずれ終わる。きっと変化が生じて、その暗い可能性も忘れられることになる。それまでのあいだは、彼はそうした変化が起き始めていないかどうかを確かめるために、ただほんのときたま、いわば自己自身のもとを訪問するだけである。そして、その変化が起こるや否や、彼は家に戻って、「また自己自身だ」とつぶやくのである。けれども、それはただ投げ出したところからまた始めるというだけのことで、彼は、こんなふうにしてある程度までは自己であったが、それ以上には自己にならなかったのである。

一方、何も変化が生じてこない場合、彼は別の手段に訴える。真に自己になるためには内に向けて進んでゆかなくてはならないのに、彼はその方向から完全に逸れてしまうのである。自己にまつわるいっそう深い意味での問題の全体が、彼の心の背景にはめ込まれた一種の偽扉となり、それを開けたところで何もないということにされてしまうのである。彼は、彼の言う意味での自己、すなわち、彼に与えられているかもしれない能力や才能などを引き受ける。けれども、彼はその能力や才能のすべてを、外に向けて、いわゆる生活というものに向けて、現実的で活動的な生活に向けて引き受けるのである。彼は自分が持ち合わせている自らへのわずかばかりの反省をきわめて用心深く避け、背景にあるあの問題がまた前景化しはしまいかと恐れる。そうして、彼はそれを忘れることに少しずつ少しずつ成功してゆく。年がたつにつれて、彼は、そんなものはまるで取るに足らないことだと思うようになる。とくに、この彼が、現実的な生活というものに対する適性と能力を持った有能で活動的な方々と、うまいこと付き合うような場合には。ご立派なことだ！　今や、彼は小説にでも出てきそうなもので、もう何年間も幸福な結婚生活を送っていて、活動的でやり手の男であり父親であり市民であって、ひとかどの人物ですらあるかもしれない。家にあっては使用人たちから「ご主人さま」と呼ばれ、町にあっては名士の一人に数えられるのだ。彼の振る舞いはといえば、個々人の身分というもの、つまり見てくれというものをわきまえたものになっていて、つまり、あらゆる外聞を踏まえた上で個々人のことを判断する、というものである。彼はキリスト教界ではキリスト者であり（彼が異教の世界にいるなら異教徒ということになるだろうし、オランダにいるならオランダ人ということになるだろうが、それとまったく同じ意味で）、教養あるキリスト者の一人である。彼は、ときとして魂の不滅をめぐる問題に心を奪われてきたし、一度ならず、牧師に向かって、魂の不滅など存在するのかどうか、人は本当に自分のことをもう一度識別するのかどうか、問いただしもした。実際、そのことは彼にとって並々ならぬ関心事であるには違いない。なぜなら、彼は自己というものをまったく持っていないからだ。

こうした類の絶望をちゃんと描き出そうとすれば、どうしてもいくらか風刺を添えざるをえなくなる。彼が自分は絶望していたと言おうとするところに滑稽さがあり、絶望を克服したつもりでいる彼の状態こそがじつはまさに絶望であるというところに恐ろしさがある。世間でもてはやされている処世訓――「成り行きを見ろ」、「運命を甘受せよ」、「忘却の彼方へ追いやれ」といった立派な忠告やら賢《さか》しらな言い回しといった数々の悪質なもの——の根底には、結局のところ、危険は本当はどこにあるのかについての、どれが本当の危険なのかについての完全な無知蒙昧が潜んでいるということ、これが無限に滑稽なのである。そして、この倫理的な無知蒙昧に、やはり恐ろしさがあるのだ。

地上的なものをめぐる、あるいは地上的な何かをめぐる絶望は、もっとも一般的な種類の絶望であり、とりわけ、自らへの反省を伴った直接性というその第二の形態がそうである。絶望とは、反省し尽くされるようになればなるほど、世間ではめったに見られなくなる。あるいは、生じるのが稀になる。とはいえ、このことが証するのは、ほとんどの人間はそんなに深くまで絶望したことはないということであり、ほとんどの人間は絶望したことがないということでは断じてない。ごくわずかであっても精神という規定の下で生きている人間は、非常に少ないのである。そうした生き方をしようとしてみる人でさえ多くはないし、それをしてみる人のほとんどは、すぐに匙を投げてしまう。彼らは、そこでたまたま生じていることとは無関係に、まったく無関係に「畏《おそ》れる」ということ、こうしたことを学んだことがないし、「すべきだ」ということを学んだこともない。だから、彼らにしてみれば、自分たちの目に矛盾と映ってしまっていることに耐えることなどできないのだ。そうした矛盾は、自分を取り巻く世界を眺めまわしていると、いよいよ目につくようになるので、自分の魂を気遣うとか、精神になろうとするといったことは、世間では時間の浪費であるように思われているのである。そう、できることなら民法によって処罰されるべき弁明の余地のない時間の浪費であり、人間というものに対する一種の裏切り、どうでもいいことに病的に時間を費やす反抗的な狂気として、軽蔑と不敬によって抜かりなく処罰されるべきものであるように思われている。さて、こうした彼らの人生の中でも、内面への方向をとり始める瞬間――これが彼らにとって最善の時だ――がある。彼らは最初の難関あたりには到達するが、そこで脱落してしまう。彼らには、この道は荒涼とした砂漠に通じているように――「けれども、すぐ周りには美しい緑の草地がある」*44ように――思われてくるのである。それで彼らは向きを変え、ほどなくしてこの彼らにとって最善の時を、まるでそれが子どもじみたことででもあるかのように、忘れてしまうのである。それでいて彼らはキリスト者でもあるのだ――自分たちの救いの問題について、牧師からなだめられているのである。先述のように、こうした絶望はもっとも一般的なものである。あまりに一般的なので、絶望というものは青年期に特有のもので、若い時分にだけ現れるものであり、分別をわきまえるようになった落ち着いた人間には見られないものだという、世間でじつによく流布している考え方は、そこから説明がつくほどである。この考え方は、絶望的な間違いである。あるいは、もっと正確に言えば、この考え方は過失である。ほとんどの人間は、本質的に見れば、全生涯を通じて、少年期や青年期の状態を、すなわち自らへのほんのわずかな反省が添加された直接性を越えて進むことはまずない、ということを見落としてしまっている過失なのである――もっと悪いことには、こうした考え方は、自分が見落としてしまっているそのことが、じつは人間というものについて言われうることの中でおよそ最善のことであることを、もっとずっとひどいことがいくらでも起こるということに目を引かれて、見落としてしまっているのだが——。そんなことはないのだ。絶望とは、本当は若者にだけ現れるようなものではないし、「幻想から脱け出るように」造作なく脱け出ることができるようなものでもない。幻想から脱け出るということにしても、愚かにもそれができたつもりになっている人がいるが、じつはそうそうできるものではない。それどころか、若者同然の子どもじみた幻想をお持ちの殿方、ご婦人、ご老輩をお見受けすること、たびたびである。さて、幻想には、本質的に、希望の幻想と追憶の幻想という二つの形態があることが見落とされがちである。青年は希望の幻想を持ち、老人は追憶の幻想を持つ。ところが、老人はまさに幻想のうちにあるがゆえに、希望の幻想の他には幻想はない、という幻想についてのじつに一面的な考えも持っている。もちろん、老人が希望の幻想によって苦しむことはないが、老人は、そのかわり、幻想のない、より高い立場にいるつもりになって、そこから青年の幻想を見下すという、よく分からない幻想によって何よりも苦しむのである。青年は幻想を抱く。青年は、人生について、また自分自身について、途方もないことを望む。老人においては、今度は、自分の青春時代を追憶するという仕方の幻想が、しばしば見られるのである。今ではすっかり幻想から覚めたつもりでいる老婦人が、自分の若いころを思い出して、自分が当時どんなに幸せだったか、どんなにきれいだったかなどなど、若い少女も同然に、思いを馳せて幻想に浸っているのが、よく見受けられる。老人たちがよく口にする、この「昔はこうだった〔fuimus〕」は、青年が抱く未来についての幻想と、まったく同じくらい大きな幻想なのである。老人も青年も、嘘をついているか、あるいは創作をしているのである。

さて、絶望を青年期に特有のものと見なす過失は、まったく別の意味でも絶望的である。信仰や知恵を手にするのはじつにたやすいことで、それらは実際のところ、歯やひげなどと同じように、年を経れば造作なく現れてくると考えるのは、まったくもってばかげたことである。それは精神とは何であるかということについての無理解に他ならず、さらに言えば、人間は精神であってたんなる動物ではないということを、よく分かっていないのである。そう、人間が労せずして何を手にするとしても、また何が造作なく現れてくるとしても、信仰と知恵というこの一事だけは、断じてそのようにはゆかないのだ。むしろ、精神的な意味では、人間は年を経ることで造作なしにひとかどの者になるなどということはない、というのが実相であって、そんなふうに人間はひとかどの者になれるという考え方こそが、精神にとってはもっとも手の焼ける敵対者なのである。精神的な意味では、年を経るにつれて造作なく何かを失ってしまうということが、ざらにあるのだ。人は、年を経るにつれて、以前手にしていたはずのいくばくかの情熱や感情、想像力、なけなしの内面性を失い、そうして造作なく（こんなことは何の造作もなく生じるだろうから）人生というものを卑俗な見地から理解するようになるかもしれないのだ。この「改善された」状態、そこには確かに年を経ることでたどり着くのだが、人はそれを、絶望的なことに、今や一つの善と見なすのである。彼は、絶望するなんてことはもう二度と自分には生じえない（風刺をきかせて言えば、これ以上に確かなことはないわけだが）、と信じ込んでしまうのである。——そんなことはないのだ。彼は自分のことを守っているのであり、絶望しているのであって、無精神的に絶望しているのである。いったいなぜソクラテスは若者たちを愛したのか。それは彼が人間というものを知っていたからに他ならない！

人間は、年を経ることで、こうしたこの上なく卑俗な類の絶望に身を落とすわけではないとはいえ、だからといって、絶望はただ青年期にのみ固有のものだという結論には決してならない。もし人間が年とともに本当の意味で成長し、自己についての本質的な意識の中で成熟するなら、その人間は、おそらくは、より高い形態で絶望することができるのだ。また、人間が年を経ても本質的には成長せず、かといって卑俗さの中に完全に身を落とすわけでもないなら、つまり夫になり父になり白髪交じりになっても、若い者のままのように、青年のままのようにあり続け、そして青年に見られる善さをいくらかでも持ち続けるなら、その人間は、やはり青年と同じく、地上的なものをめぐって、あるいは地上的な何かをめぐって絶望するという危険にさらされているのである。

こうした老人の絶望と青年の絶望のあいだに違いがありうることは確かだが、その違いは、まったく本質的なものではなく、もっぱら偶然的なものである。青年は「未来を向いた〔in futuro〕」現在時制として、未来的なものをめぐって絶望する。彼が引き受けようと思えない、それを携えて自己自身であろうとは思えない未来的な何かがあるわけである。老人は「過去を向いた〔in præterito〕」現在時制として、過去的なものをめぐって絶望する。老人はその過去的なものが、なかなか過ぎ去ってくれないのである——それは、彼がその過去的なものをうまいこと忘れ去ってしまうような仕方で絶望するわけではないからである。この過去的なものは、おそらく本当は悔恨を産み出すはずのものである。けれども、もし悔恨が起こってしまえば、まずはきちんと絶望され、絶望し尽くされなくてはならないだろうし、そうすると精神の生というものが足元から顔をのぞかせることになるだろう。だが、彼は絶望しているとはいえ、思い切ってそのような決断をくだそうとまではしないのである。彼は立ち往生してしまって、時間ばかりが過ぎ去ってゆく――ただし、彼がますます絶望して、忘却のおかげでその過去的なものからすっかり立ち直ってしまい、そうして悔恨者になる代わりに従犯者になりおおせるというのなら、話は別であるが。さて、本質的に見れば、こうした青年の絶望と老人の絶望は、やはり同一なのである。どちらも、自己のうちにある永遠なものについての意識が湧き上がり、そうして絶望をさらにいっそう高い形態に強めるのか、それとも信仰に向けて進むのか、という戦いが始まるような変貌をとげるには至らないのである。

ところで、ここまで同一のものとして用いてきた二つの表現、すなわち、地上的なものをめぐる絶望（全体性の規定）と地上的な何かをめぐる絶望（特定のもの）には、やはり本質的な違いがあるのではないだろうか？　そう、違いがある。自己が無限の情熱を想像力に注ぎこんで、地上的な何かをめぐって絶望するや、その無限の情熱が、この特定のもの、この何かを、地上的なもの「全体〔in toto〕」に化すのである。つまり、全体性の規定が、その絶望者の中にはもともと存在しているのである。地上的なもの、時間的なものというのは、このように、何かに、特定のものに分解されるものに他ならない。全体性の規定というのは思惟の上での規定なので、実際にあらゆる地上的なものを失うとか奪われるということは不可能だ。だから、自己は、まず現実的な喪失を無限に増幅させ、そうして地上的なもの「全体」をめぐって絶望するのである。さて、（地上的なものをめぐって絶望することと、地上的な何かをめぐって絶望することのあいだの）この違いが本質的なものだと認められるなら、同時に、自己についての意識にも本質的な進歩が見られることになる。このように、地上的なものをめぐって絶望するということの公式は、次にくる絶望の形態の弁証法的な最初の表現なのである。

2　永遠なものについての、あるいは自己自身をめぐる絶望

地上的なものをめぐる、あるいは地上的な何かをめぐる絶望は、それが絶望であるかぎり、じつのところ永遠なものについての絶望、自己自身をめぐる絶望でもある。というのも、それこそがあらゆる絶望の公式に他ならないからだ。[1]とはいえ、先の絶望者は、すでに述べたように、いわば彼の背後で起こっていることに気づいてはいなかった。彼は地上的な何かをめぐって絶望しているつもりで、自分が何をめぐって絶望しているのかについてばかり語るが、じつは彼は永遠なものについて絶望しているのである。というのは、彼が地上的なものにそんなにも大きな価値を付与していること、さらに掘り下げれば、彼が地上的な何かにそんなにも大きな価値を付与していること、言い換えれば、彼がまず地上的な何かを地

上的なもののすべてとし、結果として地上的なものにそんなにも大きな価値を付与していること、このことは、まさに永遠なものについて絶望していることだからである。

（1）　ところで、地上的なものを「めぐって」絶望する（機縁）と言い、また永遠なものに「ついて」絶望すると言うけれども、自己自身の場合には、自己自身を「めぐって」絶望する、これが正しい言葉の使い方である。というのも、この「めぐって」は、やはり絶望の機縁を表す表現だからだ。絶望とは概念的にはいつも永遠なものに「ついて」のものだが、とはいえ、人がそれを「めぐって」絶望するものは多種多様でありうるわけである。人は自分を絶望に縛り付けるものを「めぐって」絶望する。自分の不運や、地上的なもの、自分の財産の喪失などをめぐって絶望する。他方で、正しく理解されるなら、自分を絶望から解放するものの場合には、それに「ついて」絶望する。永遠なもの、自分の救い、それに自分の力など[*45]について絶望するのである。自己の場合はどうかというと、自己は二重に弁証法的なので、自己自身を「めぐって」絶望するとも、自己自身に「ついて」絶望するとも言われるのである。低い形態の絶望はすべて、だからほとんどすべての絶望者は、このことが不明瞭なままになっている。こうした絶望者は、自分が絶望しているのは何を「めぐって」なのかはじつに情熱的にはっきりと見分けるが、自分が絶望しているのは何に「ついて」なのかには思い至らないのである。治癒の条件はつねに、この〔「めぐって」から「ついて」への〕転回なのである。純粋に哲学的な興味からは、ある人が、自分が何について絶望しているのかを完全に意識しながら、それでも絶望するということが、はたして可能なのかどうか、それが微妙な問題になりうるだろう。

さて、この絶望には、かなりの進歩が見られる。以前の絶望を弱さの絶望とするなら、この絶望は自分の弱さをめぐる絶望である。とはいえ、この絶望は、やはり弱さの絶望という本質規定の中にとどまるものであって、β（反抗）とは異なる。だから、これらの違いはあくまで相対的なものである。つまり、以前の絶望の形態の終極には弱さの意識があったわけだが、この絶望の形態にあっては、意識は、そこにとどまらず、自分の弱さについての意識という新しい意識にまで強められているのである。この絶望者は、地上的なものをそんなにも気にかけるのは弱さであり、絶望することは弱さであることを、よく分かっている。それなのに、彼は絶望から信仰へと正しく向きを変え、神の前で自分の弱さの下にへりくだろうとはせずに、絶望の中にさらに沈んでゆき、自分の弱さをめぐって絶望するのである。それによって事態の見え方が一変し、彼は自分の絶望をいっそう明瞭に意識するようになるのである。彼は自分が永遠なものについて絶望していること、自分が自己自身をめぐって絶望していることに気づくようになる。彼は地上的なものにそんなにも大きな意義を付与するほど自分というものは弱くありえたのだということに気づくようになり、そのことが今や彼にとって、自分が永遠なものと自己自身を失ってしまっていることについての絶望的な表現になるのである。

ここには上昇がある。まず自己についての意識に上昇がある。というのも、永遠なものについて絶望するのは、自己というものについての観念（自己のうちには何か永遠なものがあるという観念、言い換えれば、自己は何か永遠なものを包有しているという観念）を持つことなしには不可能なことだからだ。それに、誰かが自己自身をめぐって絶望するというのであれば、彼は自分が自己というものを持っていることを意識しているのでなければならないはずだ。そこまで意識しているのに、彼は地上的なものや地上的な何かをめぐってではないものの、自己自身をめぐって絶望してしまうのである。それから、ここには絶望とは何であるかについての、より大きな意識がある。というのも、絶望とは、永遠なものと自己自身を失ってしまっていることに他ならないからだ。また、言うまでもなく、ここには、ある人の状態が絶望であるということについての、より大きな意識がある。さらに言えば、ここでの絶望は、たんなる受動的な苦しみではなく、行為である。それはこういうことだ。自己から地上的なものが奪い取られて絶望する場合、絶望というのはいつも自己からやってくるものであるはずなのに、まるで外からやってくるかのように思われる。ところが、自己がこうした自分の絶望をめぐって絶望する場合には、この新しい絶望は、対抗圧力（反動）として、間接的・直接的に自己からやってくるのである。この点で、この絶望は反抗（反抗は自己から直接やってくる）とも異なる。最後に、ここには、また別の意味で、さらなる進歩が見られる。つまり、この絶望はいっそう強度のものであるわけだが、まさにそれゆえに、この絶望は、ある意味で救いにいっそう近づいているのである。こうした絶望であれば、簡単に忘れ去ってしまうことはできない。それはあまりに深いのであるが、それでも、その絶望が口を開けているあらゆる瞬間に、救いの可能性もまた存在している。

それにもかかわらず、この絶望は、やはり絶望して自己自身であろうとしないという形態に分類される。父親が息子を勘当するときのようなもので、自己は、そんなにも弱くなってしまった自己自身のことを認めようとしないのである。自己は絶望して、この弱さを忘れることができない。自己は、ある意味で自己自身を忌み嫌うのである。自己は信仰をもって自分の弱さの下にへりくだり、そのようにして自己自身をふたたび獲得しようとしない。そう、自己は、いわば絶望して自己自身について何一つ耳を貸そうとせず、自己自身が言わんとすることを知ろうとしないのである。かといって、忘却によって救われるというわけにもゆかず、忘却のおかげで無精神性の規定の下に紛れ込み、他の人々やキリスト者のようになってしまうというわけにもゆかない。そうするには、この自己はあまりにも自己でありすぎるのだ。息子を勘当した父親によく見受けられることだが、息子を勘当したという外面的な事実は彼の役にはほとんど立たず、彼は勘当したからといって息子を厄介払いはしていない（少なくとも彼の頭の中ではそうしていない）わけである。また、恋する人が憎い人（つまり恋人）を呪うときによく見受けられることだが、呪いはたいして役に立たず、呪いによってかえってますますその人に心を奪われてしまうわけである――絶望した自己は、こんなふうにして自己自身と関わるのである。

この絶望は、先の絶望と比べて質的にいっそう深まっており、世間ではめったにお目にかかれない類の絶望である。先の叙述で偽扉というものに言及したが、その偽扉の場合、その背後には何も存在しないのであった。ここにあるのは、本物の、けれども用心深く閉ざされた扉で、自己は、いわばその背後に座って、自己自身のことを注視し、自己自身であろうとしないように一生懸命になって、そのことに時間を費やしているのである。それでいて、その自己は、自己自身を愛するほどに自己なのである。これが閉じこもり[*46]と呼ばれるものだ。われわれはこれから閉じこもりについて考えてゆくが、閉じこもりは直接性とは正反対のものであり、とりわけ考えの方向性という点で、直接性に対して大きな軽蔑を持つものである。

　だが、このような自己が実世界に現れることなどあるのだろうか？　彼は実世界の外へ、荒野やら修道院やら精神病院やらへ逃避しているのではないだろうか？　彼は他の人たちと同じように衣服をまとい、他の人たちと同じようにごくふつうの外衣を着た、実世界を生きる人間なのか？　もちろんそうだ。そうでないなんてことがあるわけがない！　けれども、自分の自己にまつわることを、彼は誰にも、誰一人に対しても打ち明けないのである。彼はそうしたいという衝動を全然感じない。あるいは、彼はそうした衝動を抑え込むことを学んだのだ。それについての彼自身の言葉に耳をかたむけてみればいい。「そう、純粋に直接的な人間だけだ。精神という規定に照らせば、まったく愛らしい無頓着さでどんなことでもしゃべってしまう幼少期の中でもごく最初の時期の子どもと、だいたい同じようなところにある、純粋に直接的な人間だけだ。何一つ胸にしまっておけない、純粋に直接的な人間だけなのだ。しばしばずいぶんな自負心をもって、自分のことを『真実であり、誠実であり、実直な人間、まったくあるがままの人』などと呼ぶのは、この種の直接性だけなのだ。そんな真実さや誠実さからすれば、老人が肉体的な衝動を感じながら、すぐにそれに従わないのは不誠実だ、ということになってしまうだろう。ほんのわずかでも反省したことのある自己なら、自己を抑制するということについて少しは知っているだろうに」。それで、わが絶望者は閉じこもってしまい、無関係な人たちをみな、それゆえあらゆる人を、自分の自己にまつわることから遠ざけておくのである。他方で、彼は見かけの上では、完全に「実世界を生きる人間」なのである。彼は大学出の男であり、夫であり、父である。さらには、並外れて有能な官吏であり、立派な父親であって、感じよく人付き合いをし、妻にはとても優しく、子どもたちのことをとてもよく気にかけもする。そしてキリスト者？——そう、彼もまたキリスト者である。それなのに、彼はそのことについて話をするのをなんとか避けようとする。そうでありながら、彼は、妻が自分を高めようと宗教的な行いにいそしんでいるのを、喜んで、ある種の悲哀を孕んだ喜びをもって眺めている。彼は教会にはめったに足を運ばない。ほとんどの牧師は自分の話していることをじつは分かっていない、と彼には思われるからだ。彼は一人の牧師については例外だと考える。その牧師は自分の話していることを分かっている、と彼は認める。けれども、彼はまた別の理由から、その牧師の言うことに耳を傾けようとしない。彼は、そうすることで自分があまりに遠くへ連れ出されてしまうのではないかと恐れているのである。その一方で、彼は稀ならず孤独への欲求を感じる。孤独は、彼にとって、あるときは呼吸のように、またあるときは睡眠のように、生きる上で必要なものなのである。彼がこの生きる上で必要なものをたいていの人間より多く持っていることは、彼がいっそう深い本性の持ち主であることのしるしでもある。一般に、孤独への欲求というものは、ある人間の中に精神というものが存在していることのしるしであり、またそれがどんな精神であるかを測る尺度でもある。「まったく薄っぺらい、人間とも呼べない手合いや、つるんでばかりいる輩」は、どんな孤独への欲求も感じることがなく、インコのように、ほんの一瞬でも一人になろうものなら、たちどころに死んでしまうほどである。小さな子どもがあやされてようやく眠りにつくように、こういう人たちは、食べたり、飲んだり、眠ったり、お祈りをしたり、恋愛したりなどするために、社交という心休まるゆりかごを必要とするのである。だが、古代においても中世においても、この孤独への欲求というものは認められていたし、その意味するところには敬意が払われていた。社交に明け暮れるわれわれの時代においては、犯罪者への刑罰として以外にはどう用いてよいか分からないほど（なんとすばらしい警句だろうか！）、人は孤独を恐れている。やはり、われわれの時代にあっては、精神を持つのは犯罪であるということ、これが真実なのである。だから、こうした人たち、孤独を愛する人たちが犯罪者として分類されてしまうのは、理の当然なのだ。

閉じこもった絶望者は、こうして「刻一刻〔horis succesivis〕」と時間の中を生きてゆく。その時間は、永遠のために生きられるものではないが、それでも永遠なものと何らかの関わりを持つものだし、自己自身に対する自分の自己の関係に費やされるものである。けれども、閉じこもった絶望者は、それ以上は進まないのである。そうしたことがなされ、孤独への欲求が満たされると、彼は、いわば外に出てしまうのである——彼は自分の妻や子どもたちの輪の中に入って、団欒することだってあるだろう。彼のことを、こんなにも優しい夫にし、こんなにも子ども思いの父親にしているのは、彼の生まれながらの人の善さと彼の持つ義務感を別にすれば、彼が自分の閉じこもった心の奥底で、自己自身に向けて行った自分の弱さに関する告白なのである。

もし誰かが彼の閉じこもりの秘密にあずかりうるとして、その人が彼に向かって「それは自尊心というものだ。きみは本当は自分の自己を誇っているんだ」と言うとしたら、どうだろうか。おそらく彼は、自分以外の人に対しては、そのことを認めようとはしないだろう。自己自身と一人で向き合うときになって、彼はその言葉の中に的を射たところがあるのを認めようとするだろう。だが、彼の自己が自分の弱さを捉えるときに働いていた情熱が、彼が絶望していたのはまさに彼の弱さをめぐってだったのだから、それが自尊心であるわけがない、ということをすぐさま彼に信じ込ませてしまうことだろう──これではまるで、そんなにも弱さを強調するのは自尊心によるものではないかのようだし、彼が弱さの意識に耐えられないのは彼が自分の自己を誇ろうとしているからではないかのようだ。──誰かが彼にこう言うとしよう。「それはじつにおかしな倒錯だ。じつに奇妙にもつれあったお話だ。つまりね、こんなことになってしまっているのは、ひとえに、きみの考え方が曲がりくねってしまっているのが原因なのだ。曲がりくねっていなければごく正常なわけで、きみはその道をたどってゆくべきだ。きみは自己についての絶望を通じて自己に至るべきなのだ。きみが弱いということ、それはまったくそのとおりだ。でも、きみが絶望すべきなのは、そんなことをめぐってではない。自己自身になるためには、自己は砕かれなくてはならない。そんなことをめぐって絶望するのは、やめるんだ」――誰かが彼にこう言うなら、彼は、情熱のない瞬間には、おそらくそのことを理解するだろう。けれども、すぐにまたあの情熱が思い違いをさせ、彼はまた方向転換をしてしまって、絶望のうちに入り込んでゆくことだろう。

先に述べたように、こうした絶望は世間ではかなり稀である。ところで、この絶望が足踏みしていつまでも同じところに立ち止まり続けるわけでもなく、かといって、その絶望者に信仰への正しい道をたどらせる転回も生じないとしたら、どうなるだろうか。絶望者は、一段高い形態の絶望へと強まりながら閉じこもり続けるか、あるいは殻を破って外に出てきて、これまで正体を隠すのにまとってきた仮装を脱ぎ捨てるかのいずれかである。後者の場合、そうした絶望者は、実人生の中へ、おそらくは大事業という気晴らしの中へ身を投じるだろう。彼は安らうことのない精神となり、それが存在したことの痕跡は十分に残されるだろう。この安らうことのない精神は忘却を欲するが、内部の喧騒があまりにひどいので、リチャード三世が母の呪いの声を聴くまいとして用いた[*47]のとは別の手段であるにせよ、何か強力な手段が必要となる。ひょっとすると、彼は官能に、放蕩に、忘却を求めようとするかもしれない。彼は絶望して直接性に戻ろうとするわけだが、彼がそうあろうとしない自己についての意識にたえず付きまとわれる。前者の場合には、この絶望が強められると、反抗になる。そうなると、弱さを云々していたのはまったくの欺瞞だったことが判然としてくるように思われてくる。自分の弱さをめぐる絶望とは反抗の最初の表現に他ならないということは、まったく弁証法的に正しいのだと、はっきり分かってくるのである。

さて、最後にもう一度、閉じこもりの中で足踏みしたままの人の内面を、ちょっと覗き込んでみることにしよう。この閉じこもりが完全に、「あらゆる点で完全に〔omnibus numeris absoluta〕」保たれるなら、自殺が彼にとってもっとも切実な危険となるだろう。人々はたいてい、そうした閉じこもった人が何をしでかすかについて、何の見当もつかないものだし、もしそれを知るに及んだら驚いてしまうだろう。それでもやはり、自殺こそが、完全に閉じこもった人にとっての危険なのである。対照的に、もし彼が誰かに語るなら、一人の人にでも心を開くなら、閉じこもりはかなり弱められるはずであり、あるいは彼の緊張はかなり和らぐはずであって、閉じこもりから自殺が帰結するということはなくなるだろう。このように、打ち明ける相手が一人でもいる閉じこもりは、完全な閉じこもりと比べて、ちょうど一音階ぶん調子が下げられているのである。だから、彼は自殺を避けて進んでゆくはずである。けれども、他者に心を開いてしまったばかりに、彼がそのことをめぐって絶望してしまうということ、そんなことが生じうるのである。自分の閉じこもりに関知する人を持つよりも、沈黙の中で耐え抜いたほうが、やはりずっとよかったのではないか、そんなふうに思われてくるかもしれないのである。閉じこもった人が、相談相手を持ってしまったばかりに絶望に陥った例は、いくらでもある。だから、自殺というものが、やはり帰結しうるのである。詩であれば、彼（この人物は、例えば国王であるとか皇帝であると「詩的に〔poetice〕」想定すればよい）がその腹心を殺害させるというように、その結末を練ってみるのもいいだろう。こんな具合だろうか。ある悪魔的な暴君がいる。彼は自分の苦悩について誰かに語ってしまいたいという衝動を感じる。その結果、次から次に人間が浪費されていくことになる。彼の腹心になることは、確実な死を意味するからだ。つまり、暴君が誰かに腹を割って話すや、その人は殺されてしまうのである。——腹心を持たないわけにもゆかず、かといって腹心を持つこともできないという、悪魔的な人間におけるこうした苦悩に満ちた自己矛盾を、このような結末で描き出すこと、それは詩人に課せられた仕事だろう。

β　絶望して自己自身であろうとする絶望、反抗

先にも述べたことではあるが、αで論じた絶望を女性らしさの絶望と呼びうるように、ここで論じる絶望は男性らしさの絶望と呼ぶことができるだろう。というわけで、前の絶望もそうだったように、この絶望もまた、精神という規定の下に見られた絶望なのである。ただ、男性らしさが本質的に精神という規定に属するのに対して、女性らしさはより低次の総合であるということも、やはり事実である。

αの2のところで描き出された絶望は自分の弱さをめぐってのもので、その絶望者は自己自身であろうとしないのだった。さて、そこから弁証法的に一歩先に進んで、そのような絶望者が、なぜ自分は自己自身であろうとしないのかに意識を向けるようになると、それが転回点となって、反抗が姿を現す。というのも、彼は絶望して自己自身であろうとしている、というのが真相だからだ。

まず、地上的なものをめぐる、あるいは地上的な何かをめぐる絶望があり、それから、永

遠なものについての、自己自身をめぐる絶望が現れてくる。そして反抗が姿を現すわけだが、それは、反抗とは本来的に永遠なものの力を借りた絶望だからである。絶望して自己自身であろうとして、自己における永遠なものを絶望的に誤用してしまうのである。反抗は、永遠なものの力を借りた絶望であるがゆえに、ある意味で真理のすぐそばにあるのだが、真理のすぐそばにあるがゆえにこそ、真理から無限に隔てられている。信仰への通路となる場合の絶望も、やはり永遠なものの力を借りた絶望であるのだが、この場合には、自己は永遠なものの力を借りて、自己自身を勝ち取るために自己自身を失う勇気を手にする。対照的に、ここでは自己は自己自身を失うところから始めようとはせず、自己自身であろうとするのである。

さて、この形態の絶望においては、自己についての意識が上昇しており、だから、絶望とは何であるかについての意識が、ある人の状態が絶望であることについての意識が、より大きくなっている。ここでは、絶望は行為として意識されており、外的な物事によって圧迫された受動的な苦しみとして外部からやってくるのではなく、自己から直接やってくる。だから、反抗は、自分の弱さをめぐる絶望と比べて、やはり新しい性質のものである。

絶望して自己自身であろうとするためには、無限の自己というものについての意識がなければならない。けれども、この無限の自己というものは、じつのところは自己のもっとも抽象的な形態、自己のもっとも抽象的な可能性にすぎないのである。それなのに、ここでの絶望者は、絶望してこうした自己であろうとし、自己を措定した力とのあらゆる関係から自己を引き離すか、あるいは、そのような力が存在しているという考えから自己を引き離してしまう。自己は絶望し、この無限の形態の力を借りて、自己自身を自分の意のままにしようとする、言い換えれば自己自身を創り出そうとするのであって、自分の自己を自分が望むとおりの自己にしようとして、自分の具体的な自己において掌握するものとそうでないものを自分で決めようとする。彼の具体的な自己あるいは彼の具体性は、本当のところは必然性と限界を持っており、これこれの能力やあり方などを備え、これこれの具体的な境遇などに置かれている、完全に定められたものだ。けれども、彼は無限の形態、つまり否定的な自己の力を借りて、まずこの全体を作り直し、自分の思いどおりの自己を、すなわち否定的な自己の無限の力の助けを借りて生み出される自己をこしらえようとするのである——その上で、彼は自己自身であろうとするのである。つまり、彼は他の人たちより少しばかり早いところから始めようとするわけである。始まりを受けてではないし、始まりとともにでもなく、「初めに[*48]」である。彼は自分の自己をまとおうとしない。自分に与えられた自己の中に、自らの課題を見ようとしない。彼は無限の形態の自己であることから力を得て、自己を構成しようとするのである。

こうした類いの絶望に共通する名前としては「ストイシズム」が適切かもしれないが、ただ、あの一学派のことだけを意味しているわけではないことは注記しておきたい。それから、こうした類の絶望をさらにつまびらかにするには、行動的な自己と受動的な自己を分けるのがいちばんよいのではないかと思う。つまり、このように絶望した自己が行動的である場合にはそれがどのように自己自身と関係するか、受動的である場合にはそれがその受動的な苦しみの中でどのように自己自身と関係するかを示し、絶望して自己自身であろうとするという形態がいずれの場合にもあてはまるのを示すわけである。

この絶望した自己が行動的である場合、その自己は、たとえそれが何を企てようと、どれほど壮大で仰天するようなことを、どれだけの根気で企てようと、実際には、いつもただ実験的に自己自身と関係しているにすぎない。この自己は、自分を支配するどんな力も認めない。だから、この自己は根源的なところでの真剣さを欠いており、自分の実験に最大限の注意を向けるときに、いかにも真剣そうな見せかけを醸し出すくらいが関の山である。もちろん、それは偽りの真剣さだ。プロメテウスが神々から火を盗んだように[*49]、この真剣さは、神は人のことをご覧になっているという真剣さそのものである思想を、神から盗もうとするのだ。この絶望した自己は、神が人のことをご覧になっているということの代わりに、自分で自己自身のことを見ることで満足してしまう。それによって彼のいろいろな企てには無限の関心と意義が付与されることにはなるのだが、他方で、やはりそれによって彼の企ては実験になってしまうのである。なぜか。もちろん、この自己は自分が仮構的な神になってしまうほど絶望にはまり込んでしまうようなことはないだろう。それでも、やはり派生された自己には、自己自身のことを見ることによって、現にそうある自己以上のものを自己自身に与えるというようなことは、できない相談なのである。派生された自己は、はじめから終わりまでずっとこの自己のままなのであって、自力で何とかしようとしてみたところで、この自己以上にも以下にもなりはしないのだ。自己が自己自身であろうと絶望的に力を尽くし、結局その正反対に進んでいってしまうのであれば、その自己は結局のところ自己にはならない。その自己がその中で行動する弁証法には、どこにも確固としたものはないのである。その自己のあり方は、いつまでも、どこまでいっても、しっかりと定まらないのだ。その自己の否定的な形態は、つなぐ力と同じだけの解《ほど》く力を働かせる。[*50]その自己は、まったく思うがままに、いつ何時であっても、新しく始めることができるし、ある一つの考えにどれだけ長く従事するにしても、そこでの行動のすべては仮説の域内を出ることがないのである。その自己が少しずつ自己自身になってゆくということはないし、それどころか、その自己は仮説的な自己であることがだんだん明らかになってくるばかりである。その自己は自分の主人であり、いわば絶対的に自分の主人なのである。このことが絶望に他ならないのだが、けれどもそれは、その自己が願うところであり、喜びとするところなのである。だが、よく見てみれば、この絶対的な支配者は国土なき国王であること、彼はじつはどこも統治していないことが、すぐに分かってくる。彼の地位、彼の統治は、あらゆる瞬間に反乱が合法的であるという弁証法の上に成り立っているのである。彼の地位や統治は、煎じ詰めれば、じつに恣意的なことに、その自己それ自身にかかっているのである。

　こんなふうにして、この絶望した自己は空中楼閣を築くことに余念がなく、いつも空中に剣を振り回してばかりいる。[*51]こうした実験にあっての美徳はみな、じつに見た目に麗しい。それらは、つかの間、東洋の詩のようにわれわれを魅了する。これほどまでの自制心、克己心、不動心などは、現実のものとは思えないほどだ。本当にそのとおりではあるのだが、この全体の根底にあるのは、やはり無なのである。自己は絶望して、自分のことを自己自身にすること、自己自身を展開させること、自己自身であることからもたらされる満足を満喫しようとする。この自己は、自己自身についての理解のほどを示す、こうした詩的で、しかも名人芸とも言えるような構想を誉めそやされたいと思う。けれども、この自己が「自己自身」ということでいったい何を意味しているのかは、どこまでも謎のままなのである。楼閣が完成間近だと思われる、まさにその瞬間、この自己は、意のままに、その全体を無に帰すことさえできるのだ。

　この絶望した自己が受動的である場合、その絶望はやはり、絶望して自己自身であろうとすることである。こうした実験的な自己は、絶望して自己自身であろうとして、ひとまず自分の具体的な自己の方を向いてみるとき、おそらく、あれこれの困難に、キリスト者であれば「十字架」とでも呼ぶであろうものに、何であれ自分の根本的な欠陥に出くわす。否定的な自己、つまり自己の無限の形態は、ひとまず、そうした欠陥を遠ざけてしまって、そんなものは存在していないかのように、そんなものについては露ほども知らないかのように装おうとするだろう。けれども、それはうまくゆかない。この実験にかけての否定的な自己の技量はそこまで及ばないし、抽象化にかけての技量も同じことである。無限の、否定的な自己は、プロメテウスのように[*52]、このうまくゆかない苦役に釘付けにされているように感じる。その意味で、この自己は受動的なのである。それでは、絶望して自己自身であろうとするという絶望は、どのように姿を現してくるのだろうか？

　先に、地上的なものをめぐって、あるいは地上的な何かをめぐって絶望するという絶望の形態を叙述したが、その際、その絶望はまた、原理的に、永遠なものについて絶望することとして姿を現すことが理解されたのだった。つまり、地上的なものをめぐる、あるいは地上的な何かをめぐる絶望は、永遠なものによって慰められたり治療されたりすることをよしとせず、永遠なものが何の慰めにもなりえないほど、地上的なものに高い価値を置くわけである。さて、ある地上的な辛苦、現世的な十字架が取り除かれうるという可能性に望みを託そうとしないことも、やはり絶望の一つの形態である。絶望して自己自身であろうとするという今問題にしている絶望者は、そうしようとしないのである。彼は、この肉中の刺[*53]（それが本当に肉中の刺であるにせよ、彼の激情がそう思い込ませているだけにせよ）はあまりに深くまで突き刺さっているので、それを抜き取ることなどできないと信じ込んでしまっていて、[(1)]だから彼はいわばそれを永遠に引き受けようとする。彼はこの刺に躓《つまず》く。もっと正確に言えば、彼は、この刺を機縁にして、人生全体に躓くのである。かくして、彼は刺などお構いなしに、自己自身であろうとする。刺を目の当たりにしながら、刺のない自己自身であろうとはしないのである（刺のない自己自身になろうとすることは刺を抜き取ることに他ならないが、彼にはそれができない。とすれば、諦念の方向への運動が現れてくるだろう）。彼は人生などというものにはお構いなしに、あるいはそれに反抗して、刺を担った自己自身であろうとするのであり、自分の苦悩をこれ見よがしにして、刺を身に携《たずさ》えようとする。それは、救いの可能性に希望を持つこと、とくに神にとってはすべてが可能であるという不条理なものの力に希望を見出すこと、こうしたことを彼が望まないからである。誰か他の人に救いを求めることを、彼は断じてよしとしない。彼からすれば、救いを求めるくらいなら、どんな地獄の苦しみを味わおうとも、自己自身であるほうがよいのである。

(1)　ついでながら、やはり触れておきたいことだが、この考え方を手に見渡してみれば、世間において「諦念」の名で飾り立てられているものの多くは一種の絶望であることが分かるだろう。その絶望とは、絶望して自分の抽象的な自己であろうとすることであり、絶望して永遠なもので満足しようとすることである。そんなふうにすることで、地上的、現世的なものにおける苦悩に反抗したり、それらを無視したりすることができるように思われるのである。この諦念の弁証法を取り出してみると、次のようになるだろう。自分の永遠の自己であろうとするのだが、この自己を苦しめている特定のものに関わってくる場合には自己自身であろうとせず、そうしたものは永遠においては消えてなくなるに違いないと考えて自分を慰め、だから今生においてそれを引き受けないのは適切なことだと考える。この自己は、その特定のものに苦しめられているにもかかわらず、それが自己の一部であることをあくまで認めようとせず、言い換えれば、信仰してその下にへりくだろうとしない。このように、諦念とは、それを絶望として眺めてみると、絶望して自己自身であろうとしないこととは本質的に異なっており、それは絶望して自己自身であろうとするのである。ただし、一つのことだけを例外としていて、それに関しては、絶望して自己自身であろうとしないのである。

だから、「誰かが救いの手を差し伸べてあげさえすれば、苦しむ者は進んでその手にすがるだろう」と思われているが、じつはこれは必ずしも正しくないわけだ――もちろん、絶望して救いの手にすがりつくような場合もあって、その場合には必ずしも今問題にしている場合ほど絶望が深まっているわけではないのだが、それでもやはり、苦しむ者は救いの手にすがるものだ、という考え方は真実からほど遠い。実際にはこんなふうになっている。苦しむ者は、救われるのならこんな仕方やあんな仕方がいいものだ、と考える。そんな願いどおりに救われるなら、彼としてはもちろん喜んで救われたい。けれども、事態がもっと深い次元の真剣なことになり、救われるべきであるということ、とくに、より高い者によって、あるいはもっとも高い者によって救われるべきであるということが問題になるときには――どんな仕方であれ救いを無条件に受け入れなくてはならないという、この屈辱に直面することになる。すべてを可能にする「助け手」[*54]の手の中で無になるという屈辱であり、あるいは、自己自身であることを放棄して救われなくてはならず、そうした救いを求める以上、他の者の前に身を屈さなくてはならないという屈辱である。それで、自己は確かに多大な、そしてまたどこまでも続く痛々しい苦しみを担ってはいるが、そんな屈辱に甘んじるほどにはひるんでおらず、だから自己自身のままであることに伴う苦しみの方を、しまいには選んでしまうのである。

さて、絶望して自己自身であろうとしてこのように苦しむ者の中で、意識が増せば増すほど、それだけ絶望もまた強まり、そうしてその絶望は悪魔的なもの[*55]となる。悪魔的なものの起こりは、いつも次のような具合である。絶望して自己自身であろうとするある自己が、自分から取り去ることも自分の具体的な自己から切り離すこともできない、あれこれの痛みにひるんでしまう。その苦悩に、彼は自分の激情のすべてを注ぎ込む。この激情が、最後には悪魔的な憤激と化すわけである。ひとたびこうなってしまうと、たとえ天の神や天使がこぞって彼に救いを申し出るとしても、彼はそれを望まない。遅すぎたのだ。以前であれば、この苦悩を免れるためなら、彼はなんだって差し出したことだろう。彼は待ちぼうけをくわされてしまったのだ。もう手遅れなのである。今ではむしろ、彼は手当たりしだいに憤激をぶちまけたいのであり、全世界から、人生から不当な扱いを受けた者でありたいのである。そんな彼にとっては、自分の苦悩を肌身離さず持っていて、誰からも奪い取られないように心がけることが肝心である――そうしておかないと、自分が正しいということを、証明することも、自分に納得させることもできないからだ。そうしてとうとう苦悩が彼の脳裏から一歩も離れなくなると、彼はまったく独特な理由から永遠を恐れるに至るのである。つまり、永遠が、他の人間に対する彼の（悪魔的な意味での）無限の優越を、彼がこのようにしていることの（悪魔的な意味での）正当性を、彼から奪い去ってしまうのではないか、と恐れるのである。――自己自身であることを彼は望む。彼は自分の自己からの無限の抽象化をもって始めたのだった。けれども、彼は、無限の抽象化という意味での永遠化が不可能にされるほど、具体的になるに至ったのである。そして、彼は、それにもかかわらず、絶望して自己自身であろうとしているのである。何という悪魔的な狂気であろうか。永遠によって自分の惨めさが取り上げられてしまうかもしれないと考えて、彼は憤激するのだ。

この種の絶望は、世間ではめったにお目にかかれない。こうした人物が姿を現すとすれば、それは実際のところ、詩人たちのところをおいて他にない。つまり、いつも自分たちの作品に（純粋にギリシア的な意味での）「悪魔的」[*56]な理念性を付与する、本物の詩人たちのところにおいて、ということである。他方で、こうした絶望は、現実世界でもお目にかかれないわけではない。では、この絶望に対応する外面とは、どのようなものなのだろうか？　当然のことながら、「対応する」ものなど何一つない。対応するものとは現れ出たものに他ならないのだから、この絶望に対応する外面、つまり閉じこもりに対応する外面というもの自体、そもそも自己矛盾している。むしろ、ここでは外面などどうでもいい。ここでなんとしても注目されなくてはならないのは、閉じこもりであり、あるいは錠をかけられた内面性とでも呼びうるものである。もっとも低い形態の絶望の場合、そこには実際のところどんな内面性もなかったし、それについて言うべきこともとくになかったので、こうした絶望者については、その外面を描き出すか、あるいはそれについていくらか述べるより仕様がなかった。けれども、絶望が精神的になればなるほど、閉じこもった自分にとって内面性というものが本来の世界になればなるほど、絶望がその下に身を隠す外面的なものは、ますますどうでもよいものになる。むしろ、絶望が精神的になることで、絶望自体が悪魔的な抜け目なさを発揮して、絶望を閉じこもりの状態に閉じこめておこうと心を砕くようになり、そうしてますます絶望は外面的なものに無関心を装い、外面的なものをできるだけ取るに足らない、どうでもよいものにしようと心を砕くようになるのである。あるお話の中で小人が誰にも見えない岩の割れ目を通って姿を消してしまう[*57]のに似て、絶望の場合も、それが精神的になればなるほど、ふつうなら誰もその背後に絶望を探し出そうとは思いつかないような外面性の中に住むことが、ますます大事になってくるのである。そういうふうに隠れることは精神的なことに他ならず、いわば現実の背後に内閉的な場を確保するための、自分以外をみなその外に閉め出した世界を確保するための、絶望した自己がタンタロスのように休みなく[*58]自己自身であろうとすることにいそしむ世界を確保するための安全策の一つなのである。

われわれは、絶望して自己自身であろうとしないという、もっとも低い形態の絶望から出発したのだった（αの1）。悪魔的な絶望は、絶望して自己自身であろうとする絶望のうち、もっとも度の強まった絶望である。この絶望は、ストア派のように自己陶酔をしてみたり、あるいは自己崇拝などをして自己自身になろうとするわけではない。この絶望は、欺瞞的ではあるもののそれでもある意味で自らの完全性を求めて自己自身であろうとするような絶望ではないのだ。この絶望は、むしろ人生というものへの憎悪を抱えながら自己自身になろうとするのであり、自分の惨めさのまま自己自身であろうとするのである。この絶望は、反抗することで、あるいは反抗的に自己自身であろうとするのではなく、反抗のために自己自身になろうとするのである。この絶望は、反抗して自分の自己をそれを措定した力から引きはがそうとするわけではなく、反抗のためにその力に迫って干渉しようとし、悪意からその力にまとわりついていようとするのである——当然のこととして、悪意をもって抗議するには、何よりもまず、その抗議が向けられる相手にしかとまとわりつかなくてはならないわけだ。この絶望は、人生の全体に対して反逆的になって、人生への反証を、この世に生きることの善さへの反証を握ったつもりでいる。この絶望者は自分こそがその反証だと思っているし、そうあることこそが彼の望みなのである。そのために彼は自己自身であろうとするのであって、彼は自分の苦悩を携えて人生に抗議するために、自分の苦悩の中で自己自身であろうとするのだ。弱さの絶望の場合、絶望者は、永遠が自分にとってどのような慰めを持っているのかについて、何一つ聞く耳を持とうとしない。ここでの絶望も、やはりそれについて聞く耳を持とうとしないのだが、弱さの絶望とは別の理由からである。永遠の慰めなどというものがあってしまえば、人生に対して抗議をし続ける彼は破滅せざるをえなくなってしまうのだ。比喩的に言えば、ある著作家の目の前に一つの書き損じが姿を現し、その書き損じが自分のことを書き損じとして意識するに至ったようなものである――ひょっとしたら、それはじつは書き損じではなくて、ずっと高い意味で叙述全体の本質的な一部であるかもしれないのに――そして、この書き損じが、今やその著者に対して反旗を翻し、彼に対する憎しみから訂正を許さず、狂わんばかりに反抗して、彼にこう言うようなものである。「いや、おれは消してもらいたくないね。おれはおまえに敵対する証人、おまえが二流の著作家であることの証人でいるつもりさ」。

訳注

＊1　ヨハンネス・クリマクス（キェルケゴールの仮名の一つ）を指す。『哲学的断片または一断片の哲学』には、「可能的なもの（排除される可能的なもののみならず、とりいれられる可能的なものもまた）は現実的になる瞬間に自らを無として示す。なぜなら、可能性は現実性によって無に化するからである」（『哲学的断片または一断片の哲学』大谷愛人訳、『キルケゴール著作集』第六巻、白水社、一九六三年、一五三頁（一部改変））とある。

＊2　デンマークの詩人エヴァル（Johannes Ewald）（一七四三―八一年）の詩の一節。

＊3　「地獄では蛆が尽きることも、火が消えることもない」（「マルコによる福音書」九・四八）。

＊4　イタリアのルネサンス時代の専制君主ボルジア（Cesare Borgia）（一四七五―一五〇七年）がモットーにしたとされる言葉。

＊5　プラトン『国家』六〇八D―六一一A参照。プラトン（Platon）（前四二七ころ―三四七年ころ）は、古代ギリシアの哲学者。

＊6　［邦訳者注］「弁証法（Dialektiken, det Dialektiske）」という語は、キェルケゴール思想において重要な役割を担う語の一つであり、本書『死に至る病』でもたびたび用いられる語なので、その基本的な意味をここでまとめておきたい。「弁証法」は「問答法、対話法」を意味するギリシア語“διαλεκτική”（ディアレクティケー）が語源である。「問答法、対話法」とは、とりわけ、対話を通じて真理に到達するために相手と意見をぶつけ合わせる、ソクラテスの哲学の方法を指す。キェルケゴールが大きな影響を受けつつも徹底的に批判したドイツの哲学者ヘーゲルは、世界史の展開（すなわち、絶対精神の働き）を表す論理に、「弁証法」（「正－反－合」というプロセス）という概念を当てた（山本信『哲学の基礎』北樹出版、一九八八年、九〇―九一頁参照）。キェルケゴールは、これら二者の用法を踏まえつつも、独自の仕方で「弁証法」という語を用いている。その基本的な意味は、「人が、あることについて疑念を抱いて批

判的なスタンスをとり、それに関して可能なあらゆる見地（とりわけ、自分自身の考えに反するような見地）に立とうとすること」(Julia Watkin, *Historical Dictionary of Kierkegaard's Philosophy*, Lanham, Md.: Scarecrow Press, 2001, p. 65) である。

＊7 ［邦訳者注］「直接性 (Umiddelbarhed)」、またそれと対をなす「反省 (Reflexion)」は、『死に至る病』においてきわめて重要な役割を果たしている概念なので、ここで、その意味を確認し、その役割を明確にしておきたい。

何かと何かが媒介なしに直結していることが、「直接性」の原義である。何かが媒介を経て別の何かにたどり着くことが、「反省」の原義である。キェルケゴールは、『死に至る病』において、これらの概念を、おもに彼の人間論の文脈で用いる。キェルケゴールによれば、人間とは、無限性と有限性、時間的なものと永遠なもの、可能性と必然性という二つのものの関係（総合）であり、そのようなものとして他者によって措定されている。つまり、『死に至る病』において、「直接性」とは、おもに、人が、自分がそのような存在であることについて省みることなく生きていること（あるいは、そのような状態で生きている人のこと）を指す。「反省」とは、人が、自分がそのような存在であることを省みて生きていることである。

キェルケゴールの考えでは、人間は「反省」的になるとき、自分というあり方を十分に実現して生きうるわけで、その意味で「自己」である。「直接性」は、自分が本来的にどのような存在であるかをめぐって思い悩むことはなく、だから「自己」ではないが、そのぶん世俗的な生に埋没して生きることができる。他方、「反省」的な人は、それについて思い悩んでしまい、ときに自暴自棄に生きてしまうこともありうるが、じつはそのようにして「自己」になることで、かえって自分を措定して自分に意志を向けている他者――神のことだ――に、いわば近づいてゆくのであって、結局は救い（信仰）に近づいてゆくのである。つまり、「反省」的になり、「自己」になるということは、人間にとって、大いなる苦しみでありうるものの、救い（信仰）への小道でもある、ということだ。キェルケゴールは、『死に至る病』第一編Cと第二編Bで、「自己」についての意識の深化（すなわち「反省」の深化）の過程をたどるという仕方で、絶望および罪の諸形態を描き出している。それは、このように、「自己」についての意識（「反省」）が深まれば深まるほど、それだけ人間は救い（信仰）に近づくからである。

＊8　キェルケゴール（仮名著者ヴィギリウス・ハウフニエンシス）の『不安の概念』第三章第一節「無精神性の不安」参照。

＊9　『不安の概念』第一章第五節で、キェルケゴール（正確に言えば、仮名著者ヴィギリウス・ハウフニエンシス）は次のように述べている。「この状態（「負い目なさ」（『死に至る病』の「直接性」に相当する状態））には平和と安穏がある。しかし同時にそこにはなお別のものがある。といっても不和や争いではない。争うべき相手となるものが何ひとつないのだから。ではそれは何だろう？　何もないということ、無である。それにしても無はどういう作用をするのだろう？　無は不安を生むのだ。負い目なさが同時に不安であるということ、これが負い目なさの深い秘密なのだ。夢みつつ、精神はおのれの現実性を映しだす。現実性といっても、それは無なのだ。この無を、負い目なさはたえず自己の外に見るのである」（『不安の概念』氷上英廣訳、『キルケゴール著作集』第一〇巻、白水社、一九六四年、六二―六三頁）。

＊10　「マタイによる福音書」二〇・一―一六（「ぶどう園の労働者」のたとえ）参照。

＊11　「そのとき、わたしはきっぱりとこう言おう。『あなたたちのことは全然知らない。不法を働く者ども、わたしから離れ去れ』」（「マタイによる福音書」七・二三）。

＊12　「わたしたちは、今は、鏡におぼろに映ったものを見ている。だがそのとき（完全なものが来たとき）には、顔と顔を合わせて見ることになる。わたしは、今は一部しか知らなくとも、そのときには、はっきり知られているようにはっきり知ることになる」（「コリントの信徒への手紙一」一三・一二）。

＊13　古代ギリシアの哲学者アリストテレス（前三八四―三二二年）が用いた概念。

＊14　ドイツの哲学者フィヒテ（Johann Gottlieb Fichte）（一七六二―一八一四年）は、『全知識学の基礎』において、生産的構想力を非我（客観的世界）についての観念の源と考えた。

＊15　一八世紀中ごろに狩猟のための音楽を起源として形作られたロシアの吹奏楽のこと。それぞれの吹奏者は、一つか二つの狩猟ホルン（一定の音しか出ない）だけを割り当てられたという。

＊16　おそらく「マタイによる福音書」の一節が念頭に置かれている。「二羽の雀が一アサリオンで売られているではないか。だが、その一羽さえ、あなたがたの父のお許しがなければ、地に落ちることはない」（一〇・二九）。

＊17　「ルカによる福音書」九・二五に、次のような言葉がある。「人は、たとえ全世界を手に入れても、自分の身を滅ぼしたり、失ったりしては、何の得があろうか」。

＊18　「一行が歩いて行くうち、イエスはある村にお入りになった。すると、マルタという女が、イエスを家に迎え入れた。彼女にはマリアという姉妹がいた。マリアは主の足もとに座って、その話に聞き入っていた。マルタは、いろいろのもてなしのためせわしく立ち働いていたが、そばに近寄って言った。『主よ、わたしの姉妹はわたしだけにもてなしをさせていますが、何ともお思いになりませんか。手伝ってくれるようにおっしゃってください』。主はお答えになった。『マルタ、マルタ、あなたは多くのことに思い悩み、心を乱している。しかし、必要なことはただ一つだけである。マリアは良い方を選んだ。それを取り上げてはならない』」（「ルカによる福音書」一〇・三八―四二）。

＊19　「マタイによる福音書」一六・二六に、次のような言葉がある。「人は、たとえ全世界を手に入れても、自分の命を失ったら、何の得があろうか」。

＊20　「アペイロン（ἀπείρον）－ペラス（πέρας）」は、ピタゴラス学派の範疇表における第一の対立概念。

＊21　アリストテレスが用いた概念。

＊22　おそらく、その一人はヘーゲルである。『大論理学』第二巻第三篇第二章における「現実性」につい

ての考察を参照のこと。

＊23　「イエスは彼らを見つめて、『それは人間にできることではないが、神は何でもできる』と言われた」（「マタイによる福音書」一九・二六）。

＊24　イギリスの劇作家・詩人シェイクスピア（William Shakespeare）（一五六四―一六一六年）のこと。

＊25　キェルケゴールはドイツ語訳（*Shakespeare's dramatische Werke*, übersetzt von August Wilhelm von Schlegel und Ludwig Tieck, 12 Bde., Berlin: G. Reimer, 1839-41）から引用している。ドイツ語訳では第三幕第三場であるが、英語の原典では第三幕第二場である。

＊26　ギリシア神話の王ミダスのこと。ディオニュソス（ギリシア神話の酒神）により、触れるものすべてが黄金になるという強欲な願いを叶えてもらったが、食べ物まで黄金になってしまうので空腹に苦しみ、結局はディオニュソスに元に戻してもらった。

＊27　［邦訳者注］ここで（また『死に至る病』全体で）「精神」と訳しているのは、デンマーク語の“Aand”である。これは、英語の“spirit”に相当する語で、「精神」や「霊」といった意味がある。

＊28　オランダの哲学者スピノザ（Baruch de Spinoza）（一六三二―七七年）の主著『エチカ』第二部定理四三注解への言及と考えられる。「じっさい、光が自分自身と闇とを明らかにするのと同じように、真理は真理自身と虚偽との規範である」（『エティカ』工藤喜作・斎藤博訳、下村寅太郎責任編集『スピノザ　ライプニッツ』（「世界の名著」30）、中央公論社、一九八〇年、一六八頁）。

＊29　プラトン『クラテュロス』四二八D参照。

＊30　ヘーゲルのこと。ヘーゲル（およびヘーゲル学派）は、単一の思弁論理学的方法にもとづいて、あらゆる知識を包括する体系の構築にいそしんだが、その同じ方法にもとづいて世界史の記述にも取り組んだ。

＊31　『不安の概念』第三章第一節「無精神性の不安」を指す。

＊32 *Irische Elfenmärchen*, übersetzt von Jacob und Wilhelm Grimm, Leipzig: F. Fleischer, 1826, Ktl. 1423, S. LXXXIII.

＊33 西方キリスト教会最大の教父とされるアウグスティヌス（Aurelius Augustinus）（三五四―四三〇年）らを指すと思われる。アウグスティヌス『神の国』第一九巻第二五章参照。

＊34 ストア学派を指すと考えられる。その祖ゼノン（Zenon）（前三三五ころ―二六三年ころ）や、ローマ帝国のセネカ（Lucius Annaeus Seneca）（前四ころ―六五年）、エピクテトス（Epiktetos）（五五ころ―一三五年ころ）、マルクス・アウレリウス（Marcus Aurelius Antoninus）（一二一―一八〇年）らが、自殺を称賛している。

＊35 アリストテレスが『ニコマコス倫理学』第五巻第一一章で、こうした議論を展開している。

＊36 ただし、プラトン『パイドン』六一E―六二Cに記されたソクラテスの議論には、この要点が見出される。ソクラテス（Sokrates）（前四七〇ころ―三九九年）は、古代ギリシアの哲学者で、プラトンは彼の弟子。

＊37 ［邦訳者注］論理学で、まだ証明されていない命題を真と仮定した上で前提として使うところから生じる虚偽のこと。

＊38 『不安の概念』第三章第一節「無精神性の不安」において、次のように述べられている。「無精神性には、なんの不安もない。不安を抱くにはあまりにも幸福であり、満足的であり、あまりにも無精神的である。だが、これはきわめて悲しむべき基盤である。異教が無精神性と異なっているのは、異教は精神への方向に規定されているのに、無精神性の方は精神からの方向に規定されていることにある。だから異教は、いうなれば精神の不在であって、無精神性とは大いに異なっている」（前掲『不安の概念』氷上英廣訳、一四四頁）。

＊39 この「全面的な探究の場」は結局、設けられなかった。

＊40　アリストテレスが用いた概念。

＊41　「ガラテヤの信徒への手紙」三・二八に、次のような言葉がある。「そこ〔洗礼を受けてキリストに結ばれたあなたがたの中〕ではもはや、ユダヤ人もギリシア人もなく、奴隷も自由な身分の者もなく、男も女もありません。あなたがたは皆、キリスト・イエスにおいて一つだからです」。

＊42　「コリントの信徒への手紙一」一一・三参照。「ここであなたがたに知っておいてほしいのは、すべての男の頭《かしら》はキリスト、女の頭は男、そしてキリストの頭は神であるということです」。

＊43　出典不明。ゴタムの賢人についての逸話の中に「見知らぬ人の足」という話があり（*Molbohistorier, Samlede og udgivne til Morskab og Underholdning for Unge og Gamle*, udg. af Laurits Regner Tuxen, Kbh. 1866, s. 30f.）、キェルケゴールがここで書いている話に近い。

＊44　原文はドイツ語。ドイツの詩人・小説家・劇作家ゲーテ（Johann Wolfgang von Goethe）（一七四九―一八三二年）の戯曲『ファウスト』第一部からの引用（*Goethe's Werke*, vollständige Ausgabe letzter Hand, Bd. 12, Stuttgart und Tübingen: J. G. Cotta, 1828, S. 91）。メフィストフェレスが、研究と思索から離れるのを躊躇するファウストに、世間に出ることを促して言う言葉である。

＊45　〔邦訳者注〕キェルケゴールによれば、「精神」とは「人間の理解が彼の生におよぼす力」のことである（NB22:114（*SKS* 24, 164））。本文で言われている「自分の力」とは、物理的な力のことではなく、精神としての力のことだと思われる。

＊46　〔邦訳者注〕「閉じこもり（Indesluttethed）」は、『死に至る病』の理解のための鍵となる概念の一つなので、ここで解説しておきたい。「閉じこもり」とは、約言してしまえば、文字どおり（“Indesluttethed”という語は、「閉じる」という意味を表す“slutte”に、「内に」という意味を表す接頭辞“ind”と、全体を「……性」として名詞化する接尾辞“hed”が付加されて形成された語である）、自分の中に閉じこもってしまうこと、言い換えれば、

他者に対して開かれていないことである。その背景には、自分の弱さといったネガティヴな要素を他者から何とかして隠匿しようとすることがある。人間は、直接性を脱して自分のあり方についてより反省的になるとき（「直接性」、「反省」については、前注＊7参照）、自己として正しく生きようという意志と、安楽に生きたいという欲求の狭間に立たされうるだろう。人間は、そこで弱さに負け、欲求を優先させてしまいがちである。そこに現れるのが、キェルケゴールがここで描き出している「弱さをめぐる絶望」である。この絶望を味わう人間は、自尊心が強ければ強いほど、自分の弱さを他者から隠匿しようとするだろう。というのも、正しいと分かっているくせにそれを行えないのは、無知ゆえになされる不正以上に非難の対象となりうる、恥ずべきことだからだ。このようにして姿を現すのが、「閉じこもり」なのである。

この「閉じこもり」は、じつはキェルケゴール自身が幼少期からずっと悩まされ、その克服のために苦闘し、結局は終生担い続けた性向である。このあたりの事情についての詳細は、拙編訳『キェルケゴールの日記——哲学と信仰のあいだ』講談社、二〇一六年を参照していただきたい。

＊47　シェイクスピアの戯曲『リチャード三世』第四幕第四場で、グロスター公リチャードは、母の呪いをかき消すために、楽隊に命じて太鼓やラッパを打ち鳴らさせる。

＊48　「初めに、神は天地を創造された」（「創世記」一・一）。

＊49　プロメテウスは、ギリシア神話のティタン（巨人神族）の一人。プロメテウスは、ゼウスが人間から取り上げた火を盗み、人間に与えた。その罰として、プロメテウスは、岩山に縛り付けられ鷲に肝臓を食われ続けるという苦役を与えられたが、のちに英雄ヘラクレスによって解放された。

＊50　「マタイによる福音書」一六・一九に、次のような言葉がある。「わたしはあなたに天の国の鍵を授ける。あなたが地上でつなぐことは、天上でもつながれる。あなたが地上で解くことは、天上でも解かれる」。

＊51　「コリントの信徒への手紙一」九・二六に、次のような言葉がある。「だから、わたしとしては、やみ

くもに走ったりしないし、空《くう》を打つような拳闘もしません」。
＊52　前注＊49参照。
＊53　「コリントの信徒への手紙二」一二・七—九を念頭に置いた表現。「また、あの啓示された事があまりにもすばらしいからです。それで、そのために思い上がることのないようにと、わたしの身に一つのとげが与えられました。それは、思い上がらないように、わたしを痛めつけるために、サタンから送られた使いです。この使いについて、離れ去らせてくださるように、わたしは三度主に願いました。すると主は、『わたしの恵みはあなたに十分である。力は弱さの中でこそ十分に発揮されるのだ』と言われました」。
＊54　「だから、わたしたちは、はばからずに次のように言うことができます。『主はわたしの助け手。わたしは恐れない。人はわたしに何ができるだろう』」（「ヘブライ人への手紙」一三・六）。
＊55　キェルケゴールは、『不安の概念』第四章第二節において、「悪魔的なもの」を、「善に対する不安」と規定している。
＊56　「悪魔的」はデンマーク語の“dæmonisk”であり、ギリシア語の「ダイモン（δαίμων）」に由来する語である。「ダイモン」は、神的存在と人間の中間的存在、使者であり守護霊であると考えられていた。
＊57　おそらく、ロマン主義の時代に人気があった、シレジアの山の精リューベツァール（Rübezahl）にまつわる伝説を指す。
＊58　タンタロスは、ギリシア神話の人物で、フリギアの王。自らの罪業のために神々から罰を受け、冥府タルタロスに投げ込まれた。そこでタンタロスは、池の中で首まで水に浸からされているのに飲めず、頭上にたわわに実った果実があるのに食べられない、という永遠の渇きと飢えの罰を受ける。

第二編　絶望は罪である

A　絶望は罪である

罪とは、神の前で、あるいは神の観念を抱きながら、絶望して自己自身であろうとしないこと、もしくは絶望して自己自身であろうとすることである。罪とは、このように、度の強まった弱さか、もしくは度の強まった反抗なのである。端的に言って、罪とは絶望の度の強まったものなのである。強調されるべきは、神の前でという点、あるいは、神の観念が抱かれているという点だ。弁証法的に、倫理的に、宗教的に見て、罪が法律家の言う「情状加重の」絶望であるのは、ひとえに神の観念によるところなのである。

ここ第二編には、少なくともこのAには、心理学的な論述のための余地などないし、またここはそれにふさわしい場所でもないのだが、それでもここで、絶望と罪のあいだのもっとも弁証法的な境界領域として、宗教的なものの方を向いた詩人の実存とでも呼びうるものを取り上げないわけにはゆかない。それは諦念の絶望と相通じるところがあるが、神の観念を伴っているという一点において、それとは異なる生き方である。これらのカテゴリーの配列からも察せられると思うが、同じく詩人の実存の中でも、今問題にしている詩人の実存は、もっとも卓越したものである。キリスト教的に見れば（美学が何と言おうとも）、詩人の実存はいずれも罪である。生きるかわりに詩作をするという罪であり、善や真であろうとせず、つまりそうあろうと実存的に尽力せずに、空想の中で善や真と関わるという罪である。われわれがここで取り上げている詩人の実存は、それが神の観念を抱いているという点で、あるいは神の前にあるという点で、絶望とは異なる。けれども、この詩人の実存は、とにかく弁証法的であり、自分が罪なのだということを薄ぼんやりとであっても意識しているかどうかについて見通せないほどに、弁証法的な混乱を呈している。このような詩人はとても深い宗教的な衝動を持ちうるし、彼の絶望には神の観念が取り込まれている。彼は何よりも神を愛していて、彼にとって神とは、ひそかな苦悩にあって、唯一の慰めなのである。それなのに、彼はその苦悩を愛し、手放そうとしないのだ。彼は喜んで神の前で自己自身であろうとする。けれども、その自己を苦しませるこの強固な一点についてはそうではなく、そこでは彼は絶望して自己自身であろうとしないのである。彼は、永遠がこの苦悩を取り除いてくれるようにと願っていて、この今生では、どれだけ自分がそれに苦しめられていようとも、意を決してそれを引き受けることができず、信仰をもってその下にへりくだることができない。とはいえ、彼は神との関わりを保ち続けるし、そのことが彼にとっては唯一の救いなのである。彼にしてみれば、神なしでいなければならないことほど恐ろしいことはないだろう。「そうなれば、絶望してしまうだろう」。けれども、彼は神のことを、たぶん無意識のうちに、ちょっとばかり手心を加えて、子どもの唯一の願いでさえあまりにも簡単にかなえてしまう甘い父親のように、詩作してしまうのである。恋愛で不幸を味わって詩人になった人が恋の幸福を甘美に歌い上げるように、彼は宗教性の詩人になる。彼は自分の宗教性ゆえに不幸になった。彼は、なんとなくではあっても、この苦悩を手放すこと、すなわち、信仰をもってこの苦悩の下にへりくだり、それを自分の自己の一部として引き受けることが自分に求められているのだと理解してはいる――つまり、こういうことなのだ。彼は、そのようにすることで、自分はできるかぎり苦悩から距離を置くことができるし、およそ人間に可能なかぎり苦悩を手放すことができるはずだと、ちゃんと分かっているわけである（絶望者の言葉はどれも裏返さないと正しくないので、この言葉もやはり裏返して理解されなければならない）。それなのに、彼は苦悩を自分から遠ざけたいと思うことで、かえってその苦悩にしがみついてしまうのである。信仰をもって苦悩を引き受けること、それが彼にはできないのだ。要するに、彼は結局のところそれを望んでいないのである。あるいは、ここまできて彼の自己は曖昧になってしまうのである。だが、かの詩人の恋愛の描写と同じように、この詩人の宗教的なものの描写は、既婚者やお偉い牧師様方の手にはとうてい及ばないような、魅力と抒情的な色合いを帯びている。彼は偽りを語っているわけでもない。決してそんなことはない。彼が描き出すのは、より幸福な、より善い彼自身の姿なのである。彼は、宗教的なものという文脈で、恋する不幸な人なのだ。つまり、彼は厳密な意味で信仰者ではないし、信仰の端緒、絶望を手にしているにすぎないのだが、絶望の渦中にあって宗教的なものに思い焦がれているのである。彼の葛藤は次のようなところに行き着く。自分は召された者なのだろうか？　この肉中の刺は、自分がふつうではないことのために用いられることになっていることの、しるしなのだろうか？　これまでの自分のあり方は、ふつうではないことまでその一部とする神の秩序に適っているのだろうか？　それとも、この肉中の刺は、その下にへりくだることで、一般的な人間的なものにたどり着くために、自分に与えられているものなのだろうか？　――だが、この話はもう十分だろう。ここには確かに真理があるが、それでも私は、いったい自分が誰に向けて語っているのか分からなくなってしまうのだ。このような心理学的な洞察をどれだけ重ねてみたところで、いったい誰が聞く耳を持つだろうか。牧師の描き上げるろくでもない絵画のほうが、よほどちゃんと理解してもらえるだろう。だが、そうしたものは誰彼かまわずたいていの人に似ているように見えはするのだが、精神的に理解されるなら、じつは何も描き出していないに等しかったりするのである。

第一章　自己についての意識の移り変わり（神の前、という規定）

前編において、自己についての意識が移り変わってゆく様子が示された。最初にあったのは、永遠な自己を持っていることについての無知であった（CのBのa）。そして、何か永遠なものを包有している自己を持っていることについての知が現れ（CのBのb）、さらにその中で、自己についての意識の移り変わりの様相が示されたのだった（αの1と2、β）。さて、ここで新しい見地から、この考察全体を弁証法的に転回させせなくてはならない。つまり、こういうことである。ここまでわれわれが取り上げてきた自己についての意識の移り変わりは、あくまで人間的な自己、言い換えれば人間をその尺度とする自己という規定に収まるものである。けれども、この自己は神に直面することで新しい質と資格を手にすることになる。そうなった自己は、もはやたんなる人間的な自己であるにとどまらず、誤解を恐れずに言えば、神学的な自己とでも呼びうるものであり、神に直面する自己である。神の前で存在していることを意識するとき、神を尺度とした人間的な自己になるとき、自己はなんという無限の現実性を手にすることだろうか！　牝牛を前にして自己である（そんなことが可能であるとして）ような牛飼いは、きわめて低次の自己であるし、奴隷を前にして自己であるような主人もやはり同じことで、こんなのはじつのところ自己とは言いえないだろう――どちらの場合も、尺度というものが欠けている。それまで両親を唯一の尺度としてきた子どもは、大人になって国家というものを尺度とするようになることで、自己になる。さて、自己が神を尺度とするようになるとき、なんという無限のアクセントが自己に置かれることだろう！　自己にとっての尺度とは、自己がそれに直面して自己であるものに他ならない。これが「尺度」の定義でもある。足し合わせることができるのは同じ種類のもの同士だけであるように、どんなものも、その質という点では、それを量る尺度と同じである。そして、質的にその尺度であるものは、倫理的にはその目標なのである。そして、あるものが何を尺度とし、それゆえ何を目標としているかによって、それがどのような存在であるかが決まる。ただし、自由の世界における、かの関係、すなわち人間は例外である。人間については、自分の目標であり尺度であるものと質的に異なってしまっているが、この質的転落は人間自身のせいである。だから、人間の場合、その目標と尺度は、どこまでも目標と尺度として人間を裁き続けるのであり、彼がそうなれていないもの、つまり彼の目標と尺度が人間には示され続けるのである。

罪を恐ろしいものにするのは、それが神の前にあることである——これはまったく正しい考えだったのであり、古い教義学はここを出発点としたものだった。のちの教義学がしばしばこれに異議を唱えたのは、そのことについての理解と感覚を欠いていたからである。この考えは、ときとして誤用されることもありはしたが、やはり正しい考えだったのだ。地獄の罰の永遠性を証明したのも、この考えだった。ときを経ると人は悪賢くなって、「罪は罪だ。それが神に対してのものだからとか、神の前でのものだからとかいうことで、罪が大きくなるなどということはない」と言うようになった。おかしなことだ！　法律家ですら、犯罪について「情状加重」などということを言うではないか。法律家ですら、例えば国家公務員に対してなされたものか私人に対してなされたものかによって犯罪を区別するし、父親殺しに対する刑罰とふつうの殺人に対する刑罰の区別をするではないか。

そう、古い教義学は、神に対してのものであるときに罪は無限に強められる、と考えた点で正しかったのである。古い教義学の誤りは、神を何か外的なものとして捉えてしまって、神に対する罪など、ほんのときたましか犯されることがないかのように考えた点である。神とは、警察官がそうであるのと同じような意味で、外的なものではない。ここで知るべきことが二つある。一つは、罪を犯す自己は神についての観念を有していて、それにもかかわらず神が望まれるようには望まず、そうして不従順であるということだ。もう一つは、神の前で罪が犯されるのはときたまのことなどではないということである。あらゆる罪は神の前にあるからだ。もっと正確に言えば、人間的な責めを罪にするのは、結局のところ、責めのある者が、自分は神の前に存在するという意識を持つことだからだ。

　絶望の度は、自己についての意識に比例して強まる。自己の度は、自己の尺度となるものに比例して強まる。神が自己の尺度であるとき、自己の度は無限に強まるわけである。神の観念が増せば増すほど、いっそう自己になり、自己になればなるほど、神の観念が増す。自己が、この特定の単独な自己として、神の前に存在していることを意識するときにはじめて、そのときにはじめて、自己は無限の自己なのである。そして、この無限の自己が、神の前で罪を犯すのだ。ということは、異教界の自己中心性は、それについて何が言われうるとしても、ここキリスト教界にありうる自己中心性ほどには悪質なものではないわけだ。というのも、異教徒は自分の自己を神に直面させるということがなかったからである。異教徒と自然のままの人間が尺度として持っているのは、人間的な自己にすぎない。かくして、一段高いところから見てみれば確かに異教界は罪のうちにあると言えるわけだが、それでも異教界のその罪というのは、じつのところは神についての、神の前に存在するということについての絶望的な無知なのである。それは「この世の中で神なしに生きる」[*1]という罪である。だから、見方を変えれば、異教徒はもっとも厳密な意味では罪を犯さなかった、ということも真実なのである。異教徒は神の前で罪を犯さなかったし、あらゆる罪は神の前にあるからだ。さらに言えば、異教徒が自分の持つペラギウス的な浅はかな考え[*2]に助けられて、何の落ち度もなく世を渡り切ることがたびたびあるというのも、ある意味で確かなことである。とはいえ、この場合、彼の罪は別のところに、そのペラギウス的な浅はかな考え方にこそある。その一方で、キリスト教の中で厳格に育てられた人が、キリスト教的なものの見方の全体が、とくに人生の早い時期においては真剣に過ぎるように思われて、まさにその中で厳格に育てられてしまったがゆえに罪のうちへとよろめき倒れることがたびたびであるというのも、やはり確かなことである。とはいえ、この場合、罪とは何であるかについての、このより深い洞察が、別の意味では、やはり彼にとっての救いともなる。

罪とは、神の前で絶望して自己自身であろうとしないこと、あるいは、神の前で絶望して自己自身であろうとすることである。それにしても、この定義は、たとえ他のいくつかの点では利点が認められるにせよ（中でもいちばん大切な利点は、聖書はいつも罪を不従順と規定している[*3]のだから、この定義が聖書に合致した唯一のものであることだ）、あまりにも精神的ではないだろうか？　こうした疑問に対しては、何よりもまず、このように答えられなければならない。罪の定義が精神的になりすぎるなどということはありえないのだ、と（罪というものを不可能にしてしまうほど精神的になってしまうというのなら、また話は別であるが）。というのも、罪とは精神の規定に他ならないからである。その上で、その疑問に対しては、なぜこの定義はあまりにも精神的だなどと言うのか、聞いてみたいものだ。それが、殺人、盗み、姦淫など[*4]を問題にしていないからだろうか？　だが、この定義はそうしたものを問題にしているのではないか？　そうした行いは、神に対立する我意、神の命令に反抗する不従順であるとも言えるのではないか？　逆に、罪について何か言おうとして、こうした諸々の罪ばかりを問題にしてしまうと、こうした所業が正されたところで（どんな所業でも、ある程度までは人間的な意味で正されうるものだ）生の全体がやはり罪でありうるということが、たやすく忘れられてしまうのである。その罪とは、よく知られているように、輝かしい悪徳[*5]のことであり、我意のことである。つまり、どんなに途方もなく深い意味で、人間の自己というものが神に従順であるように義務づけられているのかということを、精神を欠くせいか、あるいはずうずうしいからか、ずっと知らないままでいたり、あるいは知ろうとしないという我意のことである。自己は、どうしても内緒にしておきたい秘密や考えの一つ一つについても、神に従順であるように義務づけられているし、この自己に神がどのようなことを望んでおられるかを示すほんのささいな神の目くばせの一つ一つを、しっかりと捉えようとする感受性や、それらに従おうとする意志についても、やはり神への従順さを義務づけられているのであって、そのことを知らないままでいたり知ろうとしないのは、やはり我意なのである。肉体の罪というのは、下等な自己の我意である。とはいえ、悪魔を悪魔の手を借りて放逐することで、最終的な状況が最初の状況よりもいっそう悪化してしまうということが、じつにしばしば起こる。[*6]この世では、そんなふうに事が運ぶものだ。人間は、まず脆《もろ》さや弱さから罪を犯す。そして、人間は——もちろん、そこで神の下に逃れることを学び、一切の罪からの救いをもたらす信仰にまで導かれることもあるだろう。しかし、それについては、ここでは触れない——自分のその弱さをめぐって絶望し、その絶望の中で、自分の弱さをある種の合法的な正義に転化させるパリサイ人[*7]となるか、あるいは、ふたたびその罪の中に身を崩すのである。

だから、あの罪の定義は、およそ考えられるかぎりの現実的な罪の形態を包括していると言えるわけだ。それでいて、その定義は、罪は絶望であり（なぜなら、罪とは肉や血の放埒ではなく、それに対する精神の同意だからだ）、罪は神の前にあるという決定的な点を正しく強調してもいるのである。あの罪の定義は代数のようなものだ。仮に私が個々の罪を一つ一つ記述してやろうとしたとしても、この小著では収まりきらないだろうし、さらに言えば、それは失敗に帰着せざるを得ない試みだろう。あの定義が、網の目のように一切の罪の形態を包括しているということ、それこそがここでは主眼なのである。実際そうなっているということは、罪とは反対のもの、つまり信仰——この書全体において、私は信頼できる航路標識にしたがって舵をとるように、信仰にしたがって舵をとっている——の定義を立ててみれば、分かってくるだろう。信仰とは、自己が、自己自身に関係するとき、そして自己自身であろうとするとき、神のうちに透明に基礎を置いていることである。

ところで、罪の反対は徳ではないということ、このことがこれまでじつにしばしば見落とされてきた。罪の反対を徳とするのは、異教的な見方であるとも言えるだろう。つまり、こうした見方は、人間的な尺度だけで満足してしまっていて、罪とは何か、罪とはみな神の前にあるということを、よく分かっていないのである。否、罪の反対は信仰なのである。だから、「ローマの信徒への手紙」第一四章第二三節で、「信仰に基づいていないことは、すべて罪なのです[*8]」と言われているのだ。そして、罪の反対が徳ではなく信仰だということ、このことは、キリスト教全体にとって、もっとも決定的な規定の一つなのである。

付論　罪の定義が躓きの可能性を孕んでいること。躓きについての一般的考察

罪－信仰という対立、これこそがキリスト教であり、それは、あらゆる倫理的な概念の意味合いをキリスト教的に仕立て直して、それを拡張する。この対立の根底にあるのは「神の前」というキリスト教にとって決定的なものであるが、「神の前」というこの規定は、「不条理」、「逆説」、「躓《つまず》きの可能性」というキリスト教にとって決定的な指標をもたらしもする。躓きこそが一切の思弁に対するキリスト教の守護者なのだから、この指標がキリスト教に関わるあらゆる規定に現れるということが、きわめて大切なのである。では、先述の罪の定義では、躓きの可能性はどこにあるのだろうか？　われわれは単独の人間として神に直面しているというリアリティを感じるべきであること、それが躓きの可能性なのである。それから、ここから導き出されることであるが、人間の罪は神に及ぶはずであること、これも躓きの可能性なのである。神の前にある単独の人間、こうした考えは、思弁には決して思いつか

ないものだ。思弁がやることといえば、一人一人の人間を一般化して類にしてしまうという、空想的なことばかりである。そんなことだから、ある不信心なキリスト教が、「罪は罪だ。それが神の前にあろうとなかろうと、違いなんてない」などと考え出すに至ったのだ。つまり、人々は「神の前」という規定をなんとか取っ払おうとして、そのためにいっそう高い知恵をでっちあげたけれども、そのいっそう高い知恵とは、じつにおかしなことに、昔の異教とさして変わらぬものだった、というわけである。そういう高い知恵などというものは、たいがいそうしたものだ。

人間がキリスト教に躓いてしまうのは、それがあまりに暗くて陰気だからだとか、あまりに厳格だからだとか言われるのを、最近ではじつによく耳にする。この際なので、なぜそもそも人間はキリスト教に躓いてしまうのか、はっきりさせておくのがよいだろう。人間がキリスト教に躓くのは、キリスト教があまりに高いからであり、その目標が人間の目標ではないからであり、そして、キリスト教が人間をふつうではないものにしようとするにもかかわらず人間にはそのことが自分の頭ではよく理解できないからである。このことは、躓きとは何であるかについてのじつに分かりやすい心理学的な説明にもなっているだろうし、人がキリスト教をなんとかかばってあげようとして躓きを取り去ってしまったことが、どれだけばかげたことであったかを示しもするだろう。つまり、人がキリストご自身の教え（キリストが心配そうに躓きというものに対して警告されること、たびたびだった。キリストは、躓きの可能性はそこにあるし、そこにあるはずだと、お示しになられたのだった）を無視してしまうのが、どれほど愚かで厚かましいことなのか、そうしたことを示しているだろう。考えてみればいい。もし躓きがそこにないのなら、もし躓きがキリスト教にとって永遠に本質的な一要素でないのなら、キリストが躓きを取り去られるのではなく、躓きを前にして心配そうに警告をされたことは、まったく人間的なナンセンスだということになってしまうだろう。

今ここに、一人の貧しい日雇い労働者と、例を見ないほどの権力を掌中に収めた皇帝がいるとしよう。そして、この至上の権力を持つ皇帝が、突然思い立って、その日雇い労働者に伝令を出したとしよう。その日雇い労働者としては、まさか皇帝が自分の存在を知っていようなどとは夢にも思ったことはないし、そんなことは「心に思い浮かびもしなかった」〔「コリントの信徒への手紙一」二・九〕。彼は、一度でも皇帝を拝見することが許されれば、それだけでそのとてつもない僥倖に大喜びするだろうし、それを生涯最大の出来事として子どもや孫にまで語り続けるだろう——さて、皇帝が、この日雇い労働者に伝令を出して、彼を婿に欲しいと思っていることを知らせたとしよう。すると、どうなるだろうか？　日雇い労働者は、人間らしいことに、多かれ少なかれ、落ち着かず、当惑し、途方に暮れてしまうことだろう。そんなことは、彼には不可思議きわまりないように思えるし、まともではないように思えてしまって（それが人間というものだ）、そのことを誰かに話そうという気にはとてもではないがなれない。なぜなら、お隣さんやらお向かいさんやらがこの話を聞くや否や言いふらして回るだろうご説明——「皇帝様は、あいつのことをからかっていらっしゃるんだ」――が、手に取るように思い浮かぶからだ。話したが最後、街中がその日雇い労働者のことを笑いものにするだろうし、彼の風刺画が新聞に掲載されて、彼と皇帝の娘との結婚話は、騒々しいご婦人たちの格好の話の種になるだろう。けれども、皇帝の婿になるということ、それはすぐに現実として形をとるに違いないし、とすれば、日雇い労働者は、皇帝がどこまで本気なのか、ひょっとしたら皇帝は、この哀れな人間をからかって、その一生を不幸にし、精神病院に送り込もうとしているのか、自分の目で確かめることができるだろう。これは要するに、「度を超えたもの〔quid nimis〕」は、じつにたやすくその反対へと転化してしまいがちである、ということだ。ごくささいな好意であれば、日雇い労働者でも納得することができるだろう。ごくささいな好意なら、この田舎町でも理解されるだろう。教養があってみんなから尊敬されている階層からも、騒々しいご婦人たちからも、早い話、人口という点にかけては確かに大都市でありながら、ふつうではないことに対する理解と感覚にかけては小さな田舎町にすぎないこの街に住んでいる、一〇万のなお五倍もの人間によっても理解されるだろう――だが、皇帝の婿になること、それは行き過ぎなのだ。さて、外面的な現実ではなく、内面的な現実が問題なのだとすれば、どうだろうか。現実に生じることによって日雇い労働者が確信を手にするようなことはなく、現実に生じることはといえば、ただ信仰だけであり、だから一切が信仰にゆだねられているとすれば、どうだろうか。あえて信じようとするだけの謙虚な勇気（ずうずうしい勇気では、信じるなどということは起こりえないのだ）を彼が持っているかどうかに一切がゆだねられているとすれば、どうだろうか。そんな勇気を持つ日雇い労働者が、いったいどれだけいるだろうか？　だが、その勇気を持たない者は、躓いてしまうだろう。ふつうではないことは、彼の耳には、自分に浴びせられた嘲笑の声でもあるかのように響くだろう。そこで、彼は正直に、また率直に、こう告白するだろう。「そんなことは私にはあまりにも高すぎる。どうしたって納得できることではない。そう、包み隠さずに言えば、そんなことは愚かなこと[*9]のように思えてしまうのだ」。

　さて、キリスト教はどうか！　キリスト教はこう教えている。この単独の人間が、だから一人一人の人間が――夫であれ妻であれ、お手伝いであれ大臣であれ、商人であれ理髪師であれ、学生であれ他の誰であれ――神の前にあるのだ、と。生涯で一度でも国王と話をしたことがあれば、そのことを自慢げに吹聴するような、この単独の人間。逆に、これこれの人と親密な間柄だなどとはちょっとでも思い込んだりすることのない、この人間。こうした人間が、神の前にあり、望むときはいつでも神と語らうことができるし、確かに神に聞いていただくことができるのである。要するに、人間は、神と親密に生きるように、という申し出を受けているのだ！　それだけではない。人間のために、人間を何とかしようとして、神はこの世へと赴かれ、お生まれになり、苦しみを受けられ、死なれる。この受難の神が、人間に、どうかこの救いの申し出を受け入れてくれるように、と頭を下げるも同然に懇願されているのだ！　まったく、人間の理解が及ばないものが何かあるとすれば、これをおいて他にはないだろう！　あえてそれを信じようとする謙虚な勇気を持たない者は、みな躓いてしまうのだ。だが、なぜ躓いてしまうのだろう？　こうしたことがあまりに高すぎるからであり、それを頭で納得することができないからであり、それに直面して心を開いていることができないからである。それで、キリスト教の教えは、遠ざけられ、なかったことにされ、狂気でありナンセンスだとされざるをえなくなる。そうしないと、われわれは窒息してしまうのだ。

では、躓きとは何なのだろう？　躓きとは不幸な敬嘆《きょうたん》である。だから、躓きは嫉妬と通じるところがあるのだが、躓きは、自分自身に向けられた嫉妬、より厳密に言えば、自分自身に敵対する嫉妬なのである。自然のままの人間には狭量なところがあって、神がその人のためにと思われたふつうではないものを受け付けられないのである。それで彼は躓いてしまうのだ。

躓きがどの程度であるかは、人間がどれだけの情熱を持って敬嘆するかによって変わってくる。想像力も情熱のかけらもない散文的な人間であるほど、敬嘆するには本来適さないのだが、そんな人たちでもやはり躓きはする。だが、彼らは、せいぜい「そんなことは私の頭では分かりっこない。放っておけばいい」と言うくらいである。これでは懐疑論者である。他方、人間の持つ情熱と想像力が大きければ大きいほど、だから、ある意味で、というのはつまり可能性において、信じることができる地点に、(この点によく留意してほしいのだが) ふつうではないものの下に謙虚になって崇拝する地点に近づいていればいるほど、躓きは情熱的になり、最後には、ふつうではないものを根こそぎにし、なかったことにし、踏みつけて泥まみれにしなくては収まりがつかなくなってしまうのである。

躓きについて理解しようと思うなら、人間の嫉妬というものを研究してみるのがいい。ここでは、その研究について必要以上に取り上げることはできないが、私としてはこれまで研究し尽くしたと自負している。嫉妬とは隠された敬嘆である。敬嘆する者は、自分はこの身を犠牲にしてしまえば幸福にはなりえないと感じると、敬嘆の対象を嫉妬することを選ぶようになるのである。こうなると彼の言葉も変わってくる。彼は、本当は敬嘆しているもののことを、どうということのないもの、愚かで、くだらなくて、へんてこで、大げさなものだなどと言い出す。敬嘆は幸福な自己喪失であり、嫉妬は不幸な自己主張である。

躓きも同じことなのだ。つまり、人間どうしの関係であれば敬嘆－嫉妬となるところが、神と人間の関係であれば崇拝－躓きとなるのだ。何であれ人間的な知恵の「行き着くところ〔Summa summarum〕」は、「ほどほどに〔ne quid nimis〕」とか「過ぎたるは及ばざるがごとし」という「金言」（正確に言えば、金メッキの知恵）である。この金言は、人間のあいだでは知恵として流通していて、敬嘆をもって遇されている。その相場が変動してしまうようなことはまずないし、全人類がその価値を保証してくれている。そんなわけで、ほんのちょっとでもこれを踏み越えてしまう天才が現れるとき、彼は――賢い人たちから――狂人扱いされてしまう。けれども、キリスト教は「ほどほどに」という人間的な知恵をはるかに飛び越えて、不条理の中へと踏み入ってゆく。そこにキリスト教が――そして躓きが――始まるのだ。

こうしてみると、キリスト教を弁護するなどというのは、なんと並々ならぬ愚かなことであるか、お分かりいただけるだろう（とにかく何かふつうではないものを残しておきたい、ということなのかもしれないが）。キリスト教を弁護するとき、じつは人間というものについてほとんど何も分かっていないことが暴露されてしまうのである。キリスト教を弁護するということは、キリスト教を最終的には弁護によって救わなくてはならないような哀れなものにしてしまうことであり、そんなことをしているうちに、いつのまにか躓きとなれ合いになってしまう。だから、キリスト教界の中でキリスト教を弁護しようと最初に思いついた人は、「事実上〔de facto〕」ユダ第二号だと言って間違いない。この彼もまた接吻によって裏切るが[*10]、違いといえば、彼の裏切りが愚かさゆえであるところだ。何かを弁護するということは、結局、それを推しているようで推していないということである。ある人が倉庫いっぱいの金を持っているとしよう。彼が貧しい人たちに金貨を残らず施したいと思っているとしよう――さらに、その彼が、愚かにも、まずは自分のその慈善行為を弁護するところから始めようとし、三つの理由でその行為の正当性を示そうとするとしよう。こうなると、人々としては、彼が善行をなそうとしているのかどうか、どうもよく分からなくなってくるだろう。では、キリスト教についてはどうか！　そう、キリスト教を弁護する者は、キリスト教を信じたためしがないのだ。信じるところには――弁護などではなく――信仰の感激がある。感激とは攻撃であり、勝利だ。信じる者とは勝利者なのである。

これがキリスト教というものであり、躓きなのだ。キリスト教的な罪の規定によって躓きの可能性が与えられるというのは、もっともなことなのである。その規定とは、「神の前」

というものである。異教徒も自然のままの人間も、罪が存在するということについては、喜んで承認する。けれども、この「神の前」という規定、これこそが罪を本当の意味での罪にするのだが、彼らにはそれが行き過ぎと思われるのである。「神の前」という考えは、彼らにしてみれば、（ここで述べられているのとはまた別の仕方でではあるけれども）人間であることをあまりに重んじてしまっているのである。もう少しほどほどのものであったら、彼らとしても喜んで受け入れてくれるだろう——「だが、行き過ぎは行き過ぎだ」。

第二章　罪のソクラテス的定義

罪とは無知のことである。これが、よく知られているように、ソクラテス的定義[*11]であり、この定義は、あらゆるソクラテス的なものがそうであるように、たえず注目に値する重い言葉である。しかしながら、他の多くのソクラテス的なものに生じたのと同じことが、このソクラテス的なものにも生じた。人々は、さらに先へ進んでみたい[*12]という衝動を感じるようになったのである。いったいどれだけ多くの人が、ソクラテス的な無知[*13]を越えて進んでゆきたいという衝動を感じたことだろうか——それはたぶん、無知の下にとどまり続けるのは自分たちには不可能だと彼らが感じたからだろう。それもそのはずで、あらゆることについての無知を実存的に表現するということに、わずかひと月のあいだでも耐え続けられるような人が、各世代にいったい何人いるだろうか。

私としては、人々が無知の下にとどまり続けることができないということを盾にして、このソクラテス的定義を退けてしまおうなどとは、とてもではないが思えない。むしろ、キリスト教的なものを明確な形で取り出すために、キリスト教的なものを「念頭に［in mente］」置きながら、その定義を用いてみたいと思う。それは、ソクラテス的定義は紛れもなくギリシア的だからだ。ここでもやはりいつもと同じようになっている。つまり、もっとも厳密な意味で厳密にキリスト教的ではないような定義はすべて、つまりあらゆる中間的な定義は、内容が空虚であることが判明するのである。

さて、ソクラテス的定義の問題点は、無知それ自体をさらにどんなふうに考えるべきか、無知の根源などについて、うやむやにしているところである。すなわち、罪とは無知のことであり（キリスト教であれば、むしろ「愚かさ」と呼ぶのではないか）、そのことはある意味で決して否定できないとしても、その無知とは根源的な無知――真理について何も知ったことがなく、またこれまで知ることができなかった人の状態――のことなのか、それともそれは、もたらされた、後からの無知なのだろうか？　もし後者だとするなら、罪とは、じつは無知とは別の何かに根ざしているはずであり、人間が自分の認識を曇らせてきた行いに根ざしているはずである。そのことを認めたとしても、やっかいで解きがたい問題にぶつかってしまう。というのも、人間は自分の認識を曇らせはじめる瞬間に、そのことを明瞭に意識していたのかどうか、という疑問が、ここで姿を現すからである。もし明瞭に意識していないのだとすれば、曇らせはじめるのに先立って認識はすでにいくらか曇っていることになる。そうなると、この問いは振り出しに戻ってしまう。反対に、人間は認識を曇らせはじめるときに、そのことを明瞭に意識しているのだとすれば、罪は認識のうちにではなく意志のうちにある（無知が帰結するかぎり、罪とは無知でもあるわけだが）ことになって、では認識と意志はどのようにお互いに関係しあうのか、という疑問がわいてくる。われわれとしてはこんなふうに何日でも問い続けることができるかもしれないが、ソクラテス的定義はじつはこうしたところには踏み込まないのである。ソクラテスは確かに倫理学者だった（このことは古代の人々が留保なく認めていることであり、彼は倫理学の創設者である）。彼独自の意味での最初の倫理学者だったし、今もそうであるし、これからもそうだろう。その彼が無知から始めるのである。知の領域にあっては、彼は、無知に向けて、何一つ知らないというところに向けて進んでゆく。倫理の領域にあって、彼は無知というものをまったく別の仕方で理解していて、そこを出発点にするのである。他方で、ソクラテスは、当たり前のことだが、本質的には宗教的倫理学者ではないし、ましてやキリスト教的倫理学者、つまり教義学者ではない。だから、彼からすれば、キリスト教の出発点となる考察——罪の前提となり、キリスト教的には原罪の教義で説明されるような「先行状態〔Prius〕」——には、少しも足を踏み入れるいわれはないのである。もっとも、われわれとしても、本書の考察では、原罪の教義にまで行き着きはするものの、その中に足を踏み入れるわけではないのだが。

というわけで、ソクラテスは、じつのところ、罪の規定、罪を定めるものというところにまでは達していないのである。このことは、罪というものの定義にあたって、問題点と言わざるをえない。それはなぜか？　なぜなら、罪とは無知のことだとしてしまうと、罪とはつまり意識のことだということになって、だから罪などというものはじつは存在しないということになってしまうからだ。もし、正しいことについて無知で、その無知ゆえに不正をなすことが罪であるとすれば、罪などというものは存在しないに等しい。もしそれを罪とするなら、人が正しいことを知りながら不正をしたり、不正であると知りながらその不正をするなどということはありえないと想定されるわけで、実際ソクラテスもそのように想定したのだった。[*14]こうして、もしソクラテス的定義が正しいのだとすれば、罪は存在しなくなってしまうのである。だが、ソクラテス的定義に照らせば罪は存在しないということは、キリスト教から見ればまったく当然のこと、いっそう深い意味でまったく理にかなったことであり、キリスト教のために「証明されるべきであったこと〔quod erat demonstrandum〕」なのである。キリスト教を異教から、もっとも決定的に、質的に選り分ける概念、それこそが罪であり、罪についての教えなのである。だから、キリスト教が、異教も自然のままの人間も罪とは何であるかを知らないと見なすのは、じつに当然のことなのである。キリスト教は、罪とは何であるかが明らかになるためには神からの啓示がなければならない、と考える。異教とキリスト教を質的に分けるのは贖罪についての教えだと見なすのは、皮相的な考察である。贖罪ではなくて、もっとずっと深いところ、罪を、罪についての教えを出発点にしなくてはならないし、キリスト教は実際にそうしているのだ。だから、もしキリスト教側がその正当性を認めざるをえないような罪の定義を異教が持っているとしたら、それはキリスト教に対するどれほど危険な反論になることだろう。

では、ソクラテスが罪を規定するにあたって欠いていた規定とは何なのだろうか？　それは、意志であり、反抗である。善のことを知っていながら、善を行うことを怠《おこた》ってしまうのが人間というものだし、善のことを知っていながら、正しいことについて分かっていながら、不正をしてしまうのが人間というものである。このことを理解するには、ギリシア的知性は、あまりに幸福だったのであり、あまりに無邪気、あまりに美的、あまりにアイロニカル、あまりに機知的——そして、あまりに罪深かったのである。ギリシア精神は、知的な定言命法を掲げているのである。*15

とはいえ、ソクラテス的定義の中にある真理は、決して見逃されてはならない。われわれの時代は、おびただしい量の、中身がなく大げさで実りのない知識の中に迷い込んでしまっていて、ソクラテスの時代と同じように、あるいはそれ以上に、ソクラテス的にちょっとばかり飢えるということが*16必要なのだ。ソクラテス的定義の中にある真理を胸に刻み込むことが、確かに必要なのだ。最高のものを理解したとか把握したとかいうこれだけの断言、じつに多くの人々が最高のものを「抽象的に〔in abstracto〕」描き出している——それはある意味でまったくそのとおりなわけだ——その妙技、こうしたものを目の当たりにすれば、笑いたくも泣きたくもなってくる。こうした知識や理解がどれも人間の生に少しの力も及ぼさず、人間の生が、その理解していることをまったく表現しないどころか、むしろその正反対のことを表現しているのを見るにつけ、笑いたくも泣きたくもなってくるのだ。この面白くも物悲しい不一致を見ては、思わずこう叫び出してしまう。「一体全体、彼らが最高のものを理解しているなんてことが、ありうるんだろうか？　彼らがそれを理解しているなんて、本当に間違いないことなんだろうか？」　すると、あの古代のアイロニストにして倫理学者[*17]が、こう答えてくれるのだ。「おお、友よ。そんなことを信じてはいけない。彼らは最高のものを理解してなどいないのだ。なぜなら、もし彼らが本当にそれを理解したのなら、彼らの生がそれを表現しているだろうし、彼らは自分の理解したことを行っているはずだからだ」。

　とすると、一口に「理解する」と言っても、じつはそこには二通りの意味があるということだろうか？　まさにそのとおり。そして、このことを理解した者は――といっても、一つ目の意味での理解のことではないことに注意されたい――「それによって〔eo ipso〕」、アイロニーというもののあらゆる秘密にも通じることになる。アイロニーが問題にするのは、じつはこの食い違いなのである。ある人間が実際に何かについて無知であることを滑稽だと思うのは、きわめて低級な滑稽さであって、アイロニーの名に値しない。地球は静止していると思っている人たちがいるとして、彼らがそれ以上のことを知らないのだとすれば、そこにはもっと深い意味での滑稽さは本来的に存在しないわけである。われわれの時代も、自然科学的な知がもっと進んだ時代から見れば、やはり同じようなものだろうと思う。この場合の食い違いは、深いところでの共通項を欠いた異なる二つの時代のあいだの食い違いである。そうした食い違いは本質的なものではないし、だから本質的に滑稽だということもない。だが、次の場合はどうか。ある人間が、立ち上がって口では正しいことを言い――だから正しいことを理解していて――、けれども、いざ行為という段になると不正をしてしまって、そうして彼は正しいことを理解していなかったということが示される。そう、これこそが無限に滑稽なのである。ある人が、自己否定の話とか、真理のために生命を捧げる気高さの話とかを聞いて、涙腺がゆるんでしまうほど感動し、汗ばかりか涙まで垂れ流しているというのに、座ったままでいられるということ――そして、次の瞬間には、電光石火の早業で、まだ涙も乾ききらないうちに、顔を汗だくにしながら、[*18]なけなしの能力を振り絞って、虚偽に勝利を得させようと血眼《ちまなこ》になること。これこそが無限に滑稽なのである。ある演説家が、声にも身振りにも真実味を帯びさせ、自分も他人も深い感動に巻き込んで、身震いしながら真理を語り、あらゆる悪に、あらゆる地獄の力に立ち向かっていながら、佇まいは落ち着いたまま、眼差しは何に動じる様子もなく、称賛に値するほど正しい足の運びをすることができるということ――その演説家が、それからほとんど時をおかずに、ガウンを脱ぐことすらしないまま、ごくささいな不便に通じる道からさえ、意気地なく臆病にも逃げ出してしまうこと。これこそが無限に滑稽なのである。ある人が、世間というものがどれだけ惨めでつまらないものか云々、その真理をくまなく理解することができるということ――その彼が、それを理解することができるというのに、それでも自分が理解したそのことを承服することができないということ。つまり、彼は、それを理解するのとほとんど同じ瞬間に、まさにそのつまらなさや惨めさの中に進んで赴いて、世間の評判を得たり、世間から誉めそやされたりして、世間を是認してしまう。これこそが無限に滑稽なのである。キリストは、みすぼらしい僕《しもべ》の姿をまとわれて、どんなふうに歩き回られたか[19]。どんなふうに貧窮を味わわれ、どんなふうに軽蔑され、ばかにされ——聖書が言うように[20]——唾を吐きかけられたか。ある人がこうしたことを理解したと言いきる。その同じ人が、世間的な意味で「いるのにすばらしいところ[21]」に抜け目なく逃げ込んで、そこで心地よく過ごせるようにやりくりしている。そして、その人が、ちょっとでも好ましからぬ風当たりを右や左に感じると、まるで死活問題ででもあるかのように、それを避けようとあたふたしている。また、その人が、自分が万人から無条件に尊敬され評価されていることを喜び、悦に入り、嬉しさのあまり足もとがおぼつかなくなり——挙げ句の果てには、あまりにふらふらしてしまって、感激のあまり神に感謝までしてしまう。こんな人を目の当たりにしては、私は心の中でこうつぶやいたものだ。「ソクラテスよ、ソクラテスよ、ソクラテスよ。この人は、自分で理解したと言っていることを、本当に理解しているのでしょうか？　そんなことがありうるのでしょうか？」こう言って、私はソクラテスの言うこと〔彼らは理解してなどいないのだということ〕が正しくあってほしいと願いもしたのである。それは、どうもキリスト教は厳格すぎるのではないかと思えてしまうからだし、それに、そうした人たちのことを偽善者として片づけてしまうのは、これまでの私の経験と合致しないからでもある。そう、ソクラテスよ、あなたのことを、私は理解できるのです。あなたは、そうした人のことを、剽軽者、一種の道化師にし、笑いの種にされるわけです。私が彼の滑稽さを浮かび上がらせるのに一肌脱いでやるとしても——要はうまいことやりさえすれば、ということですが——、あなたにも異存はないでしょうし、むしろ拍手だってしてしてくれるでしょう。

ソクラテスよ、ソクラテスよ、ソクラテスよ！　まったく、あなたの名前をどうしたって三回は唱えなくてはならない。もしそれが何かの役に立つなら、十回唱えても多すぎないくらいだ。世界には一つの共和国が必要で、新しい社会秩序、それに新しい宗教が必要なのだと言われている。けれども、有り余るほどの知識で混乱してしまっているこの世界が必要としているのは、どう考えても一人のソクラテスなのだということに、誰も思い至らない。それもそのはずで、もし誰かが、もっと言えばもし多くの人が、そのことに思い至っていたなら、ソクラテスはそんなには必要とされないことになるだろう。見当違いをしている人がもっとも必要とするのは、いつだって、その人がもっとも思い至りにくいものなのだ——言うに及ばず、そうでなければ見当違いをしてはいないわけだから。

だから、こう言ってもよいだろう、われわれの時代が必要としているのは、そうしたアイロニカルで倫理的な矯正なのだ、と。じつのところ、それこそがわれわれの時代が必要としている唯一のものなのかもしれない——なぜなら、われわれの時代がもっとも思い至りにくいものがその矯正であることは明らかだからだ。ソクラテスを越えて進んでゆくのではなく、「理解する」には二通りの意味がある、というこのソクラテス的なものに立ち返ることが、われわれが切実に必要としていることなのだ——その立ち返るべきソクラテス的なものは、終点なのではない。そこが終点なら、二通りの「理解する」の区別などどうでもよくなってしまって、人間は結局、惨めさの奈落に沈んでしまう。そうではなく、それは日々を生きる上での倫理観なのである。

さて、ソクラテス的定義は次のようにして事を解決してゆく。ある人が正しいことを行わない場合、その人は正しいことを理解してもいない。理解したと思い込んでいるだけだ。理解していると彼は断言するが、それは思い違いというものだ。「理解していると言ったら理解しているんだ」という断言を繰り返せば繰り返すほど、彼はできるだけ大きく回り道をして、どんどん本当の理解から遠ざかってしまうことになる。なるほど、やはりこの定義は正しいということだ。もしある人が正しいことを行うなら、彼は罪を犯してなどいないわけだし、もしある人が正しいことを行わないなら、彼は正しいことを理解してもいないわけだ。もし彼が本当に正しいことを理解していたなら、その正しいことは、たちどころに彼を行為に突き動かすだろうし、彼を自分の理解と共振させるだろう。「ゆえに〔ergo〕」罪とは無知のことである、と。

では、どこに問題点が潜んでいるのだろうか？　ソクラテス的なもの自身、ある程度まではあるが、それに気づいていて、何とかしようとしてはいるのだが、問題点は、何かを理解するというところからそれを行うというところへの移行に関する弁証法的な規定を欠いているところにある。キリスト教的なものが始まるのは、この移行においてなのだ。キリスト教は、この道をたどっていって、罪が意志の中に潜伏しているのを示すに至り、反抗の概念にまでたどり着く。そして、締めくくりをしっかりとするために、原罪の教義が付け加えられるのである――概念的に把握することにかけての思弁の秘密がここに知られてくるのだが、その秘密とは、締めくくることなく縫うこと、糸に結び目をつけずに縫うことに他ならず、それだから思弁は、摩訶不思議なことに、どこまでも縫い続けることができてしまうし、どこまでも糸を引っ張ってゆけるのである。かたやキリスト教はといえば、逆説の助けを借りて、しっかりと締めくくりをするのである。

個々の現実の人間が問題にならない純粋な観念の世界にあっては、移行は必然的に生じる（あの体系[*22]においては、実際、生じることはすべて必然性を備えている）。言い換えれば、その世界にあっては、理解することから行うことへの移行にまつわる困難というものが、まったくないわけだ。こういうものがギリシア精神である（とはいえ、ソクラテス的なものというわけではない。ソクラテスは、それに比べてじつに倫理的なのである）。じつは、近代哲学全体の秘密も、まったく同じところにある。というのも、その秘密とは、「われ思う、ゆえにわれあり〔cogito ergo sum〕」、つまり、考えることがすなわち存在することである、というところにあるからだ（翻って、キリスト教的には、「あなたの信じているとおりになるように[*23]」と言われる。それはつまり「あなたの信じるとおりに、あなたは存在する」、「信じることがすなわち存在するということだ」ということである）。こうしてみると、近代哲学は異教と大して変わらないことが分かってくる。だが、それは最悪のことではない。ソクラテスと通じるところがあるというのは、取るに足らないことではない。むしろ、近代哲学のまったく非ソクラテス的なところは、これこそがキリスト教なのだと見せかけようとするところである。

それに対して、個々の人間が問題となる現実の世界にあっては、理解したということから行うということにかけて、ごくわずかながらも移行の部分がある。この移行は、「速やかに、いとも速やかに〔cito citissime〕」（哲学的な言い回しがないので、ドイツ語で表現してみると、「風のように速やかに〔geschwind wie der Wind〕」）行われるとはかぎらない。むしろ、ここに長々とした歴史が始まる。

精神としての生には、静止状態というものがない（そもそも状態というものがなく、一切が行為だ）。だから、もし人間が正しいことを認識したまさにその瞬間に、それを行わないなら――まずは認識が沸騰するのをやめてしまう。その次に、意志が認識されたものをどれくらい気に入るかが問題になってくる。意志には弁証法的なところがあって、人間の中の低級な本性を残らず掌中に収めているのである。さて、意志が認識されたもののことを気に入らないとしても、だからといって意志が独り歩きして、認識が理解したこととは正反対のことを行う、というふうにはならない。そんなに激しい対立はめったに生じるものではない。むしろ、意志は、ちょっとばかり時間を置くのである。合間を確保するわけだ。「明日にでも様子を見てみればいいさ」。そうするうちに認識はどんどん曇ってきて、低級なものがますます勝利を収めるようになる。それは、善というものは、本当なら、すぐに、それが認識されたらただちに行われなくてはならないのに、低級なものが長引かせるのを得意としているからである（それで、純粋な観念の世界にあっては、考えることから存在することへの移行がまったくたやすく生じるのである。つまり、そこには長引かせる要素がないのだ）。こうしたことを目の前にして、意志は、だんだんどうでもよくなってきて、見て見ぬふりをしてしまう。そうして認識がある程度曇ってくると、認識と意志は以前よりもよく理解し合うことができるようになり、ついには完全に同意するに至る。なぜなら、今ではもう認識は意志の側に移ってしまっていて、意志の望むことがまったく正しいのだと認識しているからである。たぶん大方の人間がこんなふうにして生きている。大方の人間は、自分の倫理的な認識、倫理的・宗教的な認識を、ちょっとずつ曇らせていこうとする。それは、そうした認識が自分の中の低級なものが好まないような決断や帰結へ自分を連れていこうとするからである。その一方で、大方の人間は自分の美的な認識と形而上学的な認識を広げてゆくのだが、そんなものは倫理的に見れば気晴らしにすぎないのだ。

けれども、今述べたことすべてをもってしても、われわれはまだソクラテス的なものを乗り越えたことにはならない。というのも、ソクラテスに言わせれば、仮にそうなったところで、そのことが示すのは、その人間がじつは正しいことを理解していなかったということにすぎないからだ。つまり、ギリシア精神は、人は知識があっても不正をする、人は正しいことについての知識を持ちながらも不正をする、と言いきるだけの勇気を持ち合わせておらず、そこで打開策として、ある人が不正を行う場合、その人は正しいことを理解していないのだ、と言うのである。

まったくそのとおりだ。そしてまた、誰であれ人間である以上は、そこを越えて進むことなどできない。人間はみな罪の中にいるのだから、どんな人間も、罪とは何なのかを、自分の持ち合わせているものからでは何も言いきることはできないのだ。人間が罪について何を言ったところで、それらは結局、罪についてのごまかしであり、弁解であり、罪を希釈しようとする罪深い行為なのである。だから、キリスト教は、また別の仕方でも始める。罪とは何か——罪とは、人間が正しいことを理解していないところにあるのではなく、人間が正しいことを理解しようとしないところ、正しいことを望まないところにある——について、人間の目を開かせるには、神からの啓示がなければならない、というところを出発点にしているのである。

ソクラテスは、じつのところ、理解できないことと理解しようとしないことの区別についてさえ、何も解明していないのである。他方、二通りの「理解すること」の区別を手にして活動した点で、ソクラテスはアイロニーを用いるあらゆる者にとってのお手本ではある。正しいことを行わない人は、正しいことを理解してもいない——そうソクラテスは説明する。だが、キリスト教は、もう少しさかのぼって、人が正しいことを理解していないのは、その人が正しいことを理解しようとしないからであり、それはまた、その人が正しいことを望まないからである、と言う。キリスト教は、それに続けて、人間は正しいことを理解していながらも不正を行う（これが本来の意味での反抗である）し、あるいは、正しいことを理解していながらもそれを行うのを怠る、と教える。つまるところ、罪についてのキリスト教の教えは、人間への問責以外の何ものでもなく、告発につぐ告発であって、神たる者が訴追人となられて人間に押しつけようとされる申し立てなのである。

ところで、このようなキリスト教的なものを概念的に把握できる人間などいるのだろうか？　一人もいるわけがない。キリスト教的なものとは、まさにそのようなものでもあって、だからそれは躓《つまず》きに通じているのである。キリスト教的なものは、信じられなくてはならないのだ。人間が概念的に把握できる物事の範囲は、人間的なものへの関係の中にかぎられている。他方、信じることは、神的なものへの人間の関係なのである。では、そうした概念的に把握できないものについて、キリスト教はどのようにして説明するのか？　首尾一貫したことに、やはり概念的には把握できない仕方で、つまり、それは啓示されているのだ、というふうにして説明するのである。

というわけで、キリスト教的な理解では、罪は認識ではなく意志のうちにあり、そして、この意志の堕落は個々人の意識を超えているのである。超えていないなら、ではどのようにして罪が始まったのかという問題が一人一人に生じてくることになるわけで、これはじつにつじつまの合った見解なのである。

ここには躓きの標識もあるだろう。躓きの可能性は、罪とは何かについて、罪はどれほど根深いものなのかについて、人間の目を開かせるには、神からの啓示がなければならない、というところにある。自然のままの人間、それから異教徒は、こんなふうに考える。「よろしい。私が天上と地上のすべての物事を理解しているわけではないということ、それは認めよう。でも、啓示なんてものがあると言うのなら、天上のことについて分からせていただきたいものだ。罪とは何かについて分かるようになるために啓示が必要だなどと言うのは、ばかげているったらない。自分は完全な人間だなんて言うつもりはないさ。そんな人間じゃあない。でも、自分が完全というところからどれだけ遠いところにいるか、それはちゃんと分かっているし、喜んで認めるさ。それでも私は罪とは何かを知らないことになるのかね？」キリスト教の答えはこうだ。「そのとおり。おまえがどれだけ完全性から隔たったところにいるのか、そして罪とは何か、これこそおまえが他の何よりも分かっていないことなのだ」。——そう、キリスト教的にも確かに罪とは無知なのだが、それはこの意味でのことであって、罪とは、罪とは何であるかについての無知なのである。

こうして、前章で与えられた罪の定義は、次のように補完されなくてはならない。罪とは、神からの啓示によって罪とは何かについて目を開かされたあと、神の前で絶望して自己自身であろうとしないこと、あるいは、神の前で絶望して自己自身であろうとすることである。

第三章　罪は消極的なものではなく積極的なものであるということ

正統派の教義学と正教は、概して、罪は消極的なものではなく積極的なものだ、というこの主張を守り抜くためにたえず戦ってきたのであり、罪をたんなる消極的なもの——弱さ、感覚性、有限性、無知などなど——にしてしまう罪の定義を、汎神論的として、ことごとく退けてきた。正教は、ここで一戦交えなくてはならないこと、あるいは先に述べたことを思い出してほしいのだが、締めくくりをつけるべきはここを措いて他にはないということ、ここで抵抗をしなくてはならないということを、じつに的確に見抜いてきたのである。正教は、罪が消極的に規定されてしまおうものならキリスト教全体が支えを失ってしまう、ということを的確に見抜いてきたのだ。だから正教は、原罪によって堕落した人間に罪とは何かを教えるには神からの啓示がなくてはならないのだと、そしてこのこと自体、教義の一つであるわけだから、やはり信じられなくてはならないのだと喝破するのである。言うまでもなく、逆説、信仰、教義、これら三つの規定は、同盟を結んで結託し、あらゆる異教的な知恵に対する、もっとも安全な拠り所となり、防壁となっている。

以上が正教である。いわゆる思弁的教義学[*24]の方はといえば、なんとも不安定な仕方で哲学と関係を結んでのことではあるが、奇妙な誤解をしてしまって、罪とは積極的なものである、というこの規定を概念的に把握できると思い込んでしまった。そんなことができるなら、罪は消極的なものであることになる。あらゆる概念的な把握の秘密は、概念的に把握するというまさにそのことが、そうした把握によって定められるどのような積極的なものよりも高いところにある、ということだ。概念が積極的なものを定めるらしいが、積極的なものが概念的に把握されるということは、それが消極化されるということに他ならない。思弁的教義学としても、ある程度このことに気づいているが、そこで思弁的教義学が打つ手といえば、騒ぎが起こっているその場所で保証めいたことをほのめかすという、およそ哲学的な学問にふさわしいとは言えないことくらいである。思弁的教義学は、おごそかさを増しながら、また誓いと呪いの調子をどんどん強めて、罪とは積極的なものであることを保証し、罪は消極的なものにすぎないなどと言うのは、汎神論や合理主義や、よく分からないが、とにかくそのようなものであって、いずれにしても思弁的教義学が否認し嫌悪するものである、と保証するのである——そうしておいて、思弁的教義学は、罪とは積極的なものであるということを概念的に把握することに移ってゆくのだ。思弁的教義学のこうした考えは、つまるところ、罪はただある程度まで積極的なものだということであって、罪とは積極的なものであるということを人間はやはり十分に概念的に把握できる、という枠組みの中に収まってしまうのである。

これと同じ思弁の二枚舌は、また別のところ（とはいえ同じ事柄に関わるところだ）でも姿を現す。罪の規定、すなわち罪をどのように規定するかは、悔い改めを規定する上で決定的なものである。ところで、「否定の否定」[*25]などと言えるところに思弁の思弁たるゆえんがあるのだから、そうしてみると、思弁的には悔い改めとは否定の否定になるに違いない——だから、罪とは否定[*26]〔消極的なもの〕であることになる。——多少脇道に逸れるが、いつか、しらふの思想家に解き明かしてほしいと思っていることがある。文法に対する論理の最初の関係（二重否定は肯定になる）とか数学などに形をとる純粋な論理性は、どこまで現実の世界において、質の世界において妥当するのだろうか。質の弁証法は、結局のところ、純粋な論理性とは別のものなのかどうか、この世界において「移行[*27]」はそれとは別の役割を果たしているのかどうか、こうしたことを解き明かしてもらいたいものだ。「永遠の相の下では[*28]〔Sub specie æterni〕」、「永遠の様相においては〔æterno modo〕」、間をあけるものはまったく存在せず、一切はあるのであって、そこには移行は存在しない。だから、こうした抽象的な媒体にあっては、措定することは、「それ自体で〔eo ipso〕」、止揚することと同じである、ということになる。だが、現実をこんなふうに見るのは、ほとんど狂気の沙汰なのではないか。まったく「抽象的に〔in abstracto〕」であれば、「未完了態〔Imperfectum〕」の次には「完了態〔Perfectum〕」が来る、と言うことだってできる。だが、それをこの現実世界に持ち込んで、自分がまだ完遂していない（「未完了態」）仕事が完遂するということが、ひとりでに生じるとか、すぐに生じると考えている人がいるなら、その人はやはり狂っているだろう。そして、いわゆる罪の積極性というものについても、もしそれが純粋な思惟という媒体に措定されてしまえば、同じことが生じてしまう。そうした媒体はあまりに軽薄なので、そこでは罪の積極性と真剣に向き合うことができないのである。

とはいえ、こうしたことはどれも私がここで携わるべき問題ではない。私としては、罪とは積極的なものである、というキリスト教的なもの――もちろん、概念的に把握されうるものとしてではなく、信じられるべき逆説としてである――から手を離さないようにしておくばかりだ。そうするのが正しいと私は思う。キリスト教的なものを概念的に把握しようという試みはすべて自己矛盾であることを明らかにすることさえできれば、事態は落ち着くべきところに落ち着き、キリスト教的なものは信仰に、信じようとするかどうかに委ねられなくてはならないことが明白になる。――どこまでも概念的に把握しないと気が済まず、概念的な把握の対象であるような外観を呈するものしか好まない人からすれば、それはじつに物足りないだろうし、そう思うだろうことは私としてもちゃんと概念的に把握することができる（こんなことは、概念的な把握を寄せ付けないほど神的であるわけがない）。だが、キリスト教は信じられるべきであって概念的に把握されるべきではないことに、キリスト教が信じられることになるか、それとも人がキリスト教に躓《つまず》くことになるか、このあれかこれかにキリスト教の全体がかかっているとしたら、どうか。そのとき、概念的に把握しようとすることには、何か価値があるのだろうか？　そのとき、概念的に把握されようとしていないものを概念的に把握しようとすることに、何か価値があるのだろうか？　そんなことをするのは、むしろ思い上がりか、あるいは思慮不足なのではないか？　ある国王が、人目を忍びたい、まったくの一般人として遇してもらいたい、と思いついたとしよう。国王には国王にふさわしい敬意を示すのが立派なことだと人間はふつう思っているわけだが、だからといって、この場合にもそうするのがやはり正しいのだろうか？　むしろ、この場合にも敬意を示すのは、国王の意志よりも自分自身と自分の心中を前面化し、従順であるよりも自分の欲するままに行動することでしかないのではないか？　それとも、国王はそんなふうに遇されたくないと思っているのに、臣下としての敬意を国王に示そうとしてあれこれ工夫すればするほど、つまり国王の意志に反そうとしてあれこれ工夫すればするほど、国王は喜ぶ、とでも言うのだろうか？　――キリスト教的なものを概念的に把握できるように見せかけている人のことを、感心したり称賛したりするような人たちには好きにさせておこう。キリスト教的なものを概念的に把握することに「他の人たち」がこぞって躍起になっている、こんなに思弁的な時代にあっては、キリスト教的なものは概念的に把握することなどできないし、するべきでもないということを認めることが、おそらくは少なからぬ自己否定を必要とする、飾りのない倫理的な課題だと思うのだ。キリスト教的なものに関するいくばくかのソクラテス的な無知、やはりこれこそ、この時代が、キリスト教界が必要としているものに他ならない。ただ、ここでよく注意しておきたいのは、それが「ソクラテス的」な無知だという点である。ソクラテスの無知とは一種の神への畏れ、神への崇拝だったということ[*29]、彼の無知とは「神への畏れが知恵の始まり」[*30]というユダヤ的な考えのギリシア版だったということ、このことをちゃんと分かっている人、これまで考えてみたことがある人がいったい何人くらいいるのかは知らないが、われわれとしては、そのことを決して忘れないようにしよう。ソクラテスは他でもない神に対する畏敬の念ゆえに無知だったということ、ソクラテスは異教徒としてではあっても、その力の限りを尽くして、審判者として、神と人間のあいだの境界線に立って見張りをし、神と人間というこの二者のあいだに質的差異という深淵[*31]がしっかり確保されるように、神と人間が「哲学的に〔philosophice〕」、「詩的に〔poetice〕」といった仕方で一つに結びついてしまうようなことがないように見守り続けたということ、このことを決して忘れないようにしよう。それだから彼は無知だったのだし、それだから神はソクラテスを最高の智者と認めたのだ。[*32]——キリスト教的なものはすべて、ただ信仰に対して存在する。そうキリスト教は教える。だとすると、信仰を思弁から守る無知とは、ソクラテス的な無知、神を畏れる無知に他ならないだろう。この無知が、神と人間のあいだの質的差異の深淵が——逆説と信仰において見られるように——しっかり確保されるように見守り続けるのであり、この無知が、神と人間が、異教がしてきたよりもっと恐ろしい仕方で、「哲学的に」、「詩的に」といった仕方で——あの体系[*33]の中でのように——一つに結びついてしまうようなことがないように見守り続けるのである。

さて、罪とは積極的なものであるということについて、ここ第二編では、ただ一つの側面から光を当ててみることができるにとどまる。第一編において、絶望を叙述するとき、上昇というものをたえず指摘した。その上昇は、一つには自己についての意識の度の強まりとして、もう一つには受動的な苦しみから意識的な行為への度の強まりとして、姿を現したのだった。これら二つが一緒になると、今度は、絶望とは外からやってくるのではなく中からやってくることが判明してくるのだった。そして、その程度に応じて、罪はますます積極的になるとも言えるわけだ。さて、ここ第二編で述べた罪の定義に照らせば、神についての観念によって無限に度を強められた自己と、行為としての罪についての最大限の意識とが罪には付随する。——罪とは積極的なものであるということについて、ここ第二編で言うことができるのはこれである。罪が神の前にあるということが、罪の積極性に他ならないのだ。

付け加えると、罪とは積極的なものであるという規定は、これとはまたまったく別の意味での躓きの可能性、逆説を孕んでいる。その逆説とは、贖罪の教えからの帰結に他ならない。キリスト教は、まず進み出て、人間の知性による概念的な把握にはおよそ手に負えないほど断固とした仕方で、罪を積極的なものとして定める。そして、それから、この同じキリスト教が、人間の知性による概念的な把握にはおよそ手に負えないほど遠くにまで、この積極的なものを取り去ることを引き受けることを教えるのである。こうした逆説からうまいこと言い逃れをする思弁は、双方を少しずつ切り落として、もっと容易に事が運ぶようにする。つまり、思弁は罪をそこまで積極的なものにはしない——かといって、罪は完全に忘れられるはずだということを、頭で納得することもできないのである。こうした逆説の最初の創案者であるキリスト教の方はといえば、ここでもやはり可能な限り逆説的である。キリスト教は、いわば自分で自分にあらがうのである。つまり、キリスト教は、罪を取り去ることなどもうまったく不可能になってしまったと思われるほど断固とした仕方で、罪を積極的なものとして定め——そして、他でもないそのキリスト教が、贖罪によって、まるで罪は海で溺れて死んでしまった[*34]のではないかと思われるほど完全に、罪をふたたび取り去ろうとするのである。

Aへの付論　しかし、そうすると、罪とはある意味できわめて稀なものだということになりはしないだろうか？（教訓）

絶望は、強まれば強まるほど、世間ではごく稀にしかお目にかかれなくなるということが、第一編で確認されたのだった。ところが今、さらに一段と質的に強まった絶望が罪に他ならない、と言う。とすれば、罪とはきわめて稀なのだということにならざるをえないのではないか？　じつに奇妙な難題だ！　キリスト教は、すべてのものを罪の支配下に置く。[*35]われわれは、キリスト教的なものをできるだけ厳密に描き出そうと努めてきた。その末に、こうした奇妙な結論が出てきてしまったのである。罪は、異教にはまったく見出されず、ユダヤ教とキリスト教においてのみ見出されるのだが、そこでもきわめて稀なものである、という奇妙な結論である。

だが、じつは、この奇妙な結論は、ただ一つの意味でということだが、まったくそのとおりなのである。「神からの啓示によって罪とは何かについて目を開かされた後、神の前で絶望して自己自身であろうとしないこと、あるいは、神の前で絶望して自己自身であろうとすること」、これが罪を犯すということである――そして、人間が、この定義が自分にぴたりとくるほどに成長すること、それほどまでに自己自身について透明になることは、ごく稀であるということ、このことはまったく正しい。では、このことから導き出されるのは何か？　ここには特別な弁証法的転回があるので、よくよく注意を払う必要がある。ある人間が強い意味での絶望をしていないということから、彼は絶望していなかったということは導き出されなかった。むしろ、たいていの人間が、いや、ほとんどすべての人間が絶望してはいるのだが、ただその絶望の度が低いということであることが、まさに示されたのだった。もちろん、高い程度に絶望しているからといって、それがほめられるべきことかと言えば、そういうわけでもない。力ばかりに着目する美的な見方からすれば、それは利点ではあろう。けれども、倫理的な見方からすれば、強い絶望は弱い絶望よりも救済からいっそう遠ざかっているのである。

そして、罪についても同じことが言える。ほとんどの人間の生は、弁証法的に規定されているはずなのに、そのことに無関心なままで、善（信仰）からあまりにも遠ざかってしまっている。だから、彼らの生は、無精神的すぎて罪とすら呼びえないほどであり、無精神的すぎて絶望とすら呼びえないほどでもあるのだ。

さて、もっとも厳密な意味で罪人であることは、当然のことながら、まったくもってほめられたことではない。けれども、そこにはもう一つの側面があるはずなのだ。どうでもいいようなことに没頭し、「他の人たち」の猿まねに浮かれ騒ぐばかりで、無精神的すぎて罪とすら呼びえないような生活、聖書が言うところの「口から吐き出す[*36]」くらいの値打ちしかない生活、そうした生活の中のいったいどこに、本質的な罪の意識――キリスト教が持とうとするのは、これに他ならない――が見出されうるというのだろうか。

以上で問題がすっかり片づいたのかといえば、そういうわけでもない。というのも、罪の弁証法は、まったく別の仕方で人間を捕まえるからである。すなわち、キリスト教の身の置き場がまったくないほど、ある人間の生が無精神的になってしまう――しっかりした地面がなく、沼地や湿地ばかりなので、ジャッキ（キリスト教はジャッキのように人間を高める）が設置できないのと同じようなことだ――などということが、いったいどんなふうにすれば生じるのだろうか、という仕方で。それは人間に降りかかってくることなのだろうか？　いや、その責めは人間自身にあるのだ。どんな人間も、生まれながらに無精神性であるのではない。そしてまた、どれだけ多くの人が、死ぬときに、自分の人生の唯一の成果として無精神性を携えているとしても――その責めは人生にあるわけではないのだ。

それにしても、できるかぎり何の留保もなしに言われなくてはならないことがある。すなわち、いわゆるキリスト教界なるもの（そこでは、この何百万という人々がみな、とくに何することもなくキリスト者であり、だから、そこには人間の数とちょうど同じだけのキリスト者がいる）は、意味を転じてしまうような誤植や軽率な書き落とし、書き足しだらけの、キリスト教的なもののお粗末版であるばかりか、キリスト教的なものの誤用であり、それを失脚させるものでもある、ということだ。小さな国では、詩人はおそらく各世代に三人と生まれないだろう。だが、牧師はありあまるほど、職にあぶれるほどいる。詩人の場合には、それが天職かどうかが問われるものだ。だが、大多数の人の（それゆえ大多数のキリスト者の）考えでは、牧師になるには試験に通過すればそれで十分なのだ。そんなことはない。本当の牧師は本当の詩人より、ずっとずっと稀なのだ。「天職」という語の意味は、神的なものから来ている。それなのに、ここキリスト教界においては、詩人であることはたいしたことであり、詩人であることが天職だというのはもっともだ、といった考え方が根強くあり続けている。他方で、牧師であることはといえば、多くの人間の（それゆえ多くのキリスト者の）目には、人を高めてくれるような観念とはおよそ無縁のもの、これっぽっちも神秘的なところのない、「ざっくばらんに言えば〔in puris naturalibus〕」糊口の道として映っているのである。「天職」とは公職のことを意味する。[*37] だから、「天職に就く」という言い方がされているわけだ。だが、「天職を持つ」などという言い方がされているのはどうだろう――「天職を手渡す」などという言い方すらされているではないか。

キリスト教界におけるこの語の運命が、キリスト教的なもの全体を象徴している。不幸は、キリスト教的なものが人々の口にのぼらないことではない（だから、牧師が不足しているところに不幸がある、ということでもない）。むしろ、キリスト教的なものは人々の口にのぼりはするのだが、大多数の人は、それを口にしておきながら、結局のところ何一つとしてそれについて考えないということ、そこに不幸があるのだ（それはちょうど、こうした大多数の人が、牧師であるということを、商人や弁護士、製本屋や獣医であるといった、ごくありふれたこととしか思っていないのと同じことだ）。こうして、最高のもの、もっとも神聖なものは何の感銘も与えなくなっていて、なぜだかよく分からないけれども今では習慣や日課になってしまったもののように、他の多くの物事と同じように響き、耳に入ってくるのである。そうであるなら、人々が――自分自身の所業には弁護の余地がないことを分かることができずに――キリスト教を弁護することが必要なのだと思ってしまうことに、何の不思議があるだろう。――

牧師とは、もちろん信仰者でなくてはならない。では、信仰者とは！　信仰者とは、もちろん恋する者だ。だが、恋する者のうちでもっとも恋焦がれている者であっても、信仰者と比べれば、その熱情という点では、じつはほんの青二才にすぎない。一人の恋する者のことを考えてみよう。彼は来る日も来る日も、明けても暮れても、自分の恋について語ることができるだろう。だが、恋をしているというのはやはりいいものだということを、三つの理由を挙げて証明しようとすること――そんなことを彼が思いつくと、そんなことを彼ができると、きみは思うだろうか。彼としてはそんなことは口にするのも忌まわしく感じるのではないかと、きみは思わないだろうか。――牧師が三つの理由を挙げて、祈ることとの有益さを証明するような場合も、やはり同じことなのだ。そうすることで、結局、祈りの値打ちは、その威信の露命をつなぐのに三つの理由を必要とするほどまでに下落してしまうのである。あるいは、牧師が、祈ることは知性の一切を超越した幸いなのだということを、三つの理由を挙げて証明するような場合も、もう少し笑えるというだけで、基本的には同じことだろう。なんとも珍重すべき竜頭蛇尾ではないか。何かが知性の一切を超越していることが、三つの理由で証明されるとは。このとき、その三つの理由は――そんなものにおよそ何かの価値があるとしてのことだが――知性の一切を超越していることはないわけで、だからまったく逆に、この幸いは決して知性の一切を超越しているのではないということが、知性の前に明らかになるに違いないのだ。というのも、「理由」とは、言うまでもなく知性の守備範囲内にあるものだからだ。知性の一切を超越するものにとっては――そして、それを信仰する者にとっては――三つの理由など、三本の瓶とか三頭の鹿程度の意味しかない！――さらに言えば、恋する者が自分の恋を弁護するようなことを考えつくと、きみは思うだろうか。つまり、恋する者が、自分の恋は絶対的なもの、無条件に絶対的なものというわけではないのを認めて、自分の恋をそれに向けられるいろいろな難癖と同列に置いて、その弁護を認めようとすると、きみは思うだろうか。つまり、恋する者が、自分は恋をしていないと認めることができるとか、認めようとするなどと、きみは思うだろうか。恋する者が種明かしをして、自分はじつは恋などしていないのだなどと言うと、きみは思うだろうか。もし誰かが恋する者に向かって、こんなふうにして弁護してみたらどうかと勧めたとしたら、恋する者の目には彼は狂人と映るだろうと、きみは思わないだろうか。それに、もしその恋する者がいくらかの観察眼を持ち合わせているなら、彼は自分にそんな勧告をするこの人は、恋とはどんなものなのかを知ったためしのない人ではないか、という疑念を抱くだろうし、あるいはまた――自分の恋を弁護させることによって――自分にそれを裏切らせ、否定させようとしているのではないか、という疑念を抱くのではないだろうか。きみはそう思わないだろうか。――本当に恋をしている者には、三つの理由を挙げてそれを証明しようとか、弁護しようとかいうことは、まず思い浮かばないということ、こんなことは自明の理ではないだろうか。なぜなら、彼にはどんな理由もどんな弁護も及ばないからだ――彼は恋をしているのだから。理由づけやら弁護やらをする人は、恋をしていないのである。彼は、ただ恋をしているふりをしているだけのことであって、不幸にも――むしろ幸運にも、と言うべきか――自分が恋をしていないということを、うっかり暴露してしまうほど頭が鈍いのだ。

それなのに、まさにこんなふうな仕方で、キリスト教について――信心深い牧師たちによって――語られているのである。彼らは、面白半分にキリスト教のことを思弁的に「概念的に把握する」ところまでは行きはしないものの、それを「弁護する」ことをしてみたり、あるいはそれを「理由」に移し換えたりしている。こうしたことが説教することと呼ばれていて、そして、そんなふうに説教がなされていることや、それに聞き入る人がいるということが、それだけでたいしたことであるように、ここキリスト教界では思われているのである。まさにこうしたわけで〔今述べたことを証拠として、ということだ〕、キリスト教界は、その自称するところ〔国民全員がキリスト者であるということ〕には程遠いのであって、キリスト教の目から見れば、そのほとんどの人間の生は、厳密にキリスト教的な意味では罪とも呼びえないほどに無精神的なのである。

B　罪の継続

罪のうちにある状態は、そのそれぞれが新しい罪である。あるいは、もう少し正確に表現されなければならないし、以下でそうされるわけだが、罪のうちにある状態、それこそが新しい罪なのであり、それこそが罪なのである。罪人からすれば、これは誇張のように聞こえるかもしれない。罪人はせいぜい現実に罪を犯すごとに、それを新しい罪として認識するくらいのものである。けれども、彼の勘定書をつけている永遠は、罪のうちにある状態を新しい罪として記入するに違いないのである。その勘定書には二つの欄しかない。「信仰に基づいていないことは、すべて罪」〔「ローマの信徒への手紙」一四・二三〕なのである。悔い改められない罪は、そのそれぞれが新しい罪であり、罪が悔い改められない瞬間は、そのそれぞれが新しい罪なのである。それなのに、自己自身についての意識という点で、連続性を保っている人の少なさといったらどうだろう！　人々は、たいてい、ごく瞬間的にのみ、大きな決断を下すようなときに自己自身について意識的になるくらいで、日常生活では自己自身などまったく顧みることがない。そんなふうにして、人々は一週間に一度、一時間くらいのあいだ精神なのである——言うまでもないことだが、これは精神としてのあり方としては、かなり粗野である。永遠というのは本質的な連続性であり、それは人間にその連続性を求める。あるいは、永遠は自分のことを精神として意識して信仰を持つことを、人間に求めるのである。ところが、罪人は、こうした罪というものの総体的な規定についてなど何一つ思い至らず、滅びに通じる道[*38]に入り込むほど、罪の力にとらえられてしまっている。罪人は、滅びに通じる道をさらに先へ進ませる、いわば推進力となる一つ一つの新しい罪のことだけを気にかける。それはまるで彼が、それに先立つ瞬間、それに先立つすべての罪を推進力として、この道を進んできたわけではないかのようである。罪人にとって罪はごく自然のもの、言い換えれば第二の本性になってしまっていて、だから彼は日常生活はじつにうまくいっていると思いこみ、新しい罪によっていわば新しい推進力を得るたびに、ちょっとのあいだ立ち止まってみるくらいである。彼は滅びの中に身を置いていて、自分の生が、信仰して神の前にあることによって得られる永遠なものの本質的な連続性ではなく、罪の連続性を持ってしまっていることが、彼の目には入らないのである。

「罪の連続性」——そうは言っても、罪とは非連続的なものなのではないか？　ここに、罪とは消極的なものにすぎない、というあの考えが、また顔をのぞかせている。罪とは、盗品には所有権が付与されえないように、所有権が付与されえないものであり、罪とは、自らを確立しようとするものの、絶望的な反抗においてあらゆる無力さの苦しみを味わってしまって、結局そうすることができない消極的なものだ、という考えである。なるほど、思弁的には罪とは消極的なものである。けれども、キリスト教的には、罪とは積極的なものであり

（このことは、誰も概念的に把握できない逆説なのだから、信じられなくてはならない）、罪をますます措定してゆく連続性を自分自身の中から生み出してゆくものなのである。

この連続性の増大の法則は、負債の増大の法則、つまり消極的なものの増大の法則とは異なる。なぜか。負債というのは、返済がされないからといって増大はせず、追加されるごとに増大する。けれども、罪というのは、人がそこから抜け出していない瞬間ごとに増大するのである。罪人は、個々の新しい罪に罪の増大を見るくらいのものだ。これはキリスト教的な理解からはほど遠く、キリスト教的には、罪のうちにある状態が、じつはより大きな罪であり、それこそが新しい罪なのである。ことわざにすら「罪を犯すのは人間的、罪にとどまるのは悪魔的」と言われている。[*39] キリスト教的には、このことわざはもう少し違う仕方で理解されなければならないのは確かだ。新しい罪ばかりに着目して、あいだにあるもの、一つの罪ともう一つの罪のあいだにあるものを飛び越してしまう断片的な考察は、機関車が蒸気を吐き出すときにだけ汽車は動くと考えるのに似た、皮相的な見方である。着目されるべきは、蒸気の吐出でも、それに続く前進でもない。着目されるべきは、機関車を進ませる一定の推進力であり、蒸気の吐出を生み出しているものである。罪についても同じことだ。罪のうちにある状態が、もっとも深い意味で罪なのである。個々の罪が罪の継続なのではなく、個々の罪は罪の継続の表れなのである。個々の新しい罪においては、罪の推進力がいっそう見て取りやすくなるというだけのことだ。

罪のうちにある状態は、個々の罪よりもいっそう悪い罪であり、それこそが罪なのである。このことを理解すれば、罪のうちにある状態が罪の継続であり、それこそが新しい罪なのだということも分かってくるだろう。ふつうはこれと違ったふうに理解されていて、ある一つの罪がまた新しい罪を生み出すと考えられている。けれども、そこにはずっと深い根拠——罪のうちにある状態が新しい罪であるということ——があるのだ。シェイクスピアはマクベスをして次のように語らせているが、さすが人間の心理に通じた巨匠である。「罪によって生み出される所業は、ただ罪によってのみ力と強さを得る」[*40]（第三幕第二場）。すなわち、罪とはその奥深くで一貫したものであり、罪は自身におけるこの悪の一貫性のうちに、ある種の力もまた持っているということだ。個々の罪ばかりに着目していたら、こうした見方にたどり着くことは決してないだろう。

ほとんどの人間は、自分の自己についてあまりにわずかな意識しか持たないまま生きているに違いなく、だから彼らは一貫したものとは何であるかについて思い及ぶに至らない。言い換えれば、彼らは精神「として〔qua〕」実存していないのだ。彼らの生にあるものといえば、ある種の子どもらしくも愛らしい純真さとか、あるいは軽薄さなどであって、彼らの生は、ちょっとした行為だとか、あれこれの出来事の寄せ集めだ。彼らは今何か善いことをしているかと思えば、今度は何か善くないことをしでかして、また一からやり直す。今、たぶんかれこれ三週間くらい午後の時間に絶望しているかと思えば、また陽気になって、それから今度は一日中絶望してみたりする。彼らは、言ってみれば、人生というゲームの中で戯れているのである。彼らは、ただ一つのことに一切を収斂させるということを経験することはまずないし、自分の中の無限に一貫したものに思い及ぶに至ることもまずない。だから、彼らの口にのぼることといえば、いつだって、個々のこと、個々の善行やら個々の罪ばかりなのである。

精神という規定の下にあるあらゆる実存は、自分の中に、そしてより高いものの中に（少なくとも理念の中に）本質的な一貫性を持っている――自分自身で責任をもってそうするのだ。だから、こうした実存は、何であれ一貫しないものを無限に恐れるのである。なぜなら、彼には、どんな帰結が生じうるかが、つまり自分がその中で生きている全体性から自分が引きはがされてしまうかもしれないということが、どこまでも見通せるからである。一貫しないものがほんのわずかでも入り込んでしまえば、彼は一貫したものを失ってしまうので、それは途方もない喪失なのである。まさにその瞬間、魔法は解けてしまうだろうし、あらゆる活力に調和をもたらしていた不思議な力は失われ、バネはゆるんで、すべてが混沌と化すことだろう。自分のいろいろな活力がお互いのことを攻撃してしまい（これは自己にとって苦しみとなる）、自己自身との合致はどこにもなく、どんな推進力も「駆動力〔impetus〕」もなくなってしまう、そんな混沌である。一貫していたときには、その鋼のような強さにもかかわらずとても柔軟で、その力にもかかわらずとてもしなやかだった巨大な機械の調子が狂ってしまうのである。機械の素晴らしさや壮大さに応じて、混乱はいっそう恐ろしいものになる。――だから、善の一貫性のうちにとどまり、その中で生きている信仰者は、無限の喪失を味わう羽目になってしまうので、ほんのわずかな罪でさえ無限に恐れるのだ。直接的な人たち、子どものような人とか子どもじみた人は、失うべき全体性というものを持っていない。彼らはいつも、あれこれの個々のものについて、失ったり手に入れたりしているにすぎない。

ところで、信仰者について言えるのと同じことが、その対極にある存在である悪魔的な者についても、自身における罪の一貫性という点であてはまる。大酒飲みは、一日でもしらふになった場合の酔いの中断や、そこで襲ってくるであろう倦怠感、それにそうした倦怠感がもたらしうるあれこれのことを恐れて、来る日も来る日も四六時中酩酊し続けるが、悪魔的な者も同じようなものである。もし誰かが善人をそそのかそうと思って彼に近づき、罪をいろいろと魅惑的な姿で描き出してやったら、その善人は彼に向かって「ぼくを誘惑するのはやめてくれ」と懇願するだろうが、それとまったく同じような事例が悪魔的な者の場合にも見られるのである。悪魔的な者は、善という点で自分より強さを持つ人が、善というものを喜ばしくも気高い姿で自分に向けて描き出そうとしようものなら、「私に話しかけないでくれ」と、彼の表現を使えば「私を弱くしないでくれ」と、涙を浮かべながら懇願することだろう。悪魔的な者は、自分の中で一貫しており、悪の一貫性の中に身を置いていて、それゆえにこそ彼は失いうる一貫性を持ってもいるわけである。ほんの一瞬でもその一貫性をなおざりにしてしまえば、ほんのわずかでも不養生があってしまえば、ほんのちょっとでも脇見をしてしまえば、一瞬でもその全体が（あるいは一部分だけでも）違ったふうに見られたり理解されたりしてしまえば、自分はもう二度と自己自身になることはないだろう——そう彼は言うのである。つまり、こういうことだ。彼は絶望して善を放棄してしまっていて、善はどうあがいても彼を助けることはできないが、それでも善は彼の心をかき乱すことができるのであって、一貫性の全推進力を作動させることを二度とできないようにして、彼を弱らせることができるのである。罪の継続においてのみ彼は自己自身であり、罪の継続においてのみ彼は生き、自己自身とはどういうものかを感じ取る。だが、これはどういう意味なのだろう？　その意味はこうだ。罪のうちにある状態は、彼が沈み込んだ奥深いところに彼をつなぎとめて、その一貫性によって不敬虔な方向へと彼のことを強める。そして、個々の新しい罪が彼を助けるようなことはなく（そんなことがあったら恐ろしい狂気の沙汰だ！）、個々の新しい罪とは罪のうちにある状態の表現にすぎないのであって、罪のうちにある状態こそがじつは罪に他ならないのである。

われわれはこれから「罪の継続」をめぐって思索を進めるが、そのようなわけだから、われわれとしては、個々の新しい罪についてよりも、むしろ罪のうちにある状態について考えることにしよう。罪のうちにある状態それ自体によって罪の度は強まってゆくのであり、自分のその状態について意識しつつも罪の状態にとどまる、というところにまで至る。だから、罪の度が強まってゆく運動の法則は、ここでも他の箇所と同じく内面に向かい、意識の強まりという方向をとるのである。

A　自分の罪をめぐって絶望する罪

罪とは絶望のことである。その度の強まったものが、自分の罪をめぐって絶望するという新しい罪である。罪の度が強まったところにこの新しい罪が姿を現すのは、容易に知られることでもある。この罪が新しいというのは、以前一〇〇リウスダラー盗んだ人が今度は一〇〇〇リウスダラー盗むといったことと同じ意味ではない。ここでは、そうした個々の罪を問題にしているのではないのだ。罪のうちにある状態こそが罪であり、そして、この罪が新しい意識に置かれることで、その度を強めるのである。

自分の罪をめぐって絶望することは、罪がそれ自身において一貫したものになったことの、あるいはそうなろうとしていることの表れである。この罪は、善との一切の関わりを絶とうとし、他の人の話にときたまでも耳を傾けてしまうような弱さがあってはいけない、と考える。それで、この罪は自己自身だけに耳を貸そうとし、自己自身だけと関わりを持とうとして、自己自身と一緒に閉じこもろうとするのである。そう、この罪は、もう一つ囲いをこしらえてその中に閉じこもり、罪をめぐる絶望によって、善の側からのどんな襲撃や追跡に対しても身を守ろうとするのである。この罪は自分の背後の橋を取り壊してしまったことを自覚していて、だから自分から善の方に近寄ることもできなければ、善の方からこちらに近寄ってくることもできないということを、気弱になった瞬間に善に近づくことを望んだとしてもうそれは不可能だということを自覚している。罪それ自身は善からの離反だが、罪をめぐる絶望は再度の離反である。この絶望は、当然のことながら、罪の中から悪魔的なものの力を残らず搾《しぼ》り集めて、そこに神に背《そむ》く頑なさや強情さを付与し、そうして一貫して、悔い改めと呼ばれるものの一切を、それに恩寵と呼ばれるものの一切を、空虚で無意味であるだけでなく、自分の敵と見なさなくてはすまなくなるのである。善人が誘惑に対して身を守るのとまったく同じで、この絶望は何にもましてそうした一切に対して身を守らなくてはならないと見なしてしまうのである。そう考えてみると、「絶望している悪魔ほど惨めなものはない」というメフィストフェレスの（『ファウスト』の中の）言葉[*41]は的を射ているわけだ。なぜなら、この言葉の中の「絶望している」とは、「悔い改めや恩寵について何か聞きたいと思うほどに弱くあることを望んでいる」という意味に他ならないからだ。罪と罪をめぐる絶望の関係に見られる度の強まりを特徴づけてみるとすれば、罪とは善との絶交であり、罪をめぐる絶望とは悔い改めとの絶交であると言うことができるだろう。

罪をめぐる絶望は、ますます深くに沈み込んでゆくことで身を支えようとする試みである。気球に乗る人が重りを投下することで上昇してゆくように、この絶望者はますます決然とあらゆる善を投げ捨てることで沈んでゆく（というのも、善という重りは揚力だからだ）。彼は沈んでゆくのだが、彼としてはもちろん上昇しているつもりでいる——実際、身は軽くなってゆくのだ。罪それ自身は絶望の戦いである。そして、その力が尽きるときには、罪は新たに度を強められなくてはならず、自己自身のうちへの新しい悪魔的な閉じこもりが必要になってくる。それこそが罪をめぐる絶望なのである。これは前進であり、悪魔的なものの中での上昇であって、当然のことながら、罪の中に沈み込んでゆくことである。それは、悔い改めや恩寵に耳を傾けようなどとは二度と思うまいと決然とすることによって、罪に力としての支えと利権を与えようとする試みである。その一方で、罪をめぐる絶望は、自分自身が空っぽであることをちゃんと自覚していて、自分には生きるための拠り所がまったくないこと、自分自身の自己というものを、それについての観念という形ですら持っていないということを、ちゃんと自覚しているのである。マクベスに次のようなセリフがあるのだが、やはり人間の心理に通じた巨匠の言葉である。「これからはもう（王を殺してしまい——そして自分の罪をめぐって絶望している今から先は）人生に真剣なことは何もない。何もかもがらくたで、名声も恩寵も死んでしまった」[*42]（第二幕第二場）。巨匠たるゆえんは、最後の二語（名声と恩寵）を重ねたところにある。罪によって、つまり罪をめぐって絶望することで、彼は恩寵に対する——そしてまた自己自身に対する——一切の関係を失ってしまったのである。彼の利己的な自己は、その野心を頂点にしている。彼は今では王である。それなのに、彼は自分の罪をめぐって絶望し、悔い改めの実在について、恩寵について絶望している。だから、彼は自己自身を失ってしまってもいるのであり、自分一人では自己自身を支えておくこともできない。彼は恩寵を手にすることもできなければ、自分の自己をその野心という点で楽しむこともできないのである。

人々のあいだでは（罪をめぐる絶望が人々のあいだに現れるとしてだが、とにかくそう呼ばれる何かが現れてはいる）罪をめぐるこの絶望は、たいてい誤解を受けている。それはたぶん、世間の人々が持ち合わせているものといえば軽率さや無思慮やまったくの軽薄さばかりで、だから彼らは、ちょっとでも深みのあるものを前にすると、たちどころに厳粛な面持ちになり、うやうやしく帽子を脱いでしまうからだろう。自己自身に関して、それに自分の意義に関して、混乱して不明瞭であるためか、あるいは偽善者風なところがあるからか、それとも、どんな絶望にもつきものの狡猾さと詭弁の手によるところか、とにかく罪をめぐる絶望は自分を何か善いものに見せかけようとするのにやぶさかではない。それで彼の絶望は、彼が自分の罪を気にかけずにはいられないほど深い人間性を持っていることの表れだとされてしまうのである。一つ例を挙げてみよう。かつてあれこれの罪に身を委ねはしたが、長いこと誘惑に抵抗して、誘惑に打ち勝った人がいるとしよう――その彼が、逆戻りをしてしまって、再び誘惑の罠に陥ったとしよう。このような場合に彼に生じる落胆は、罪をめぐる悲しみだとは必ずしも言いきれない。全然違うものでもありうる。それは、もっと踏み込んで言えば、摂理に対する憤りでもありうるだろう。あたかも摂理のせいで自分が誘惑の罠に陥ったかのように考えて、長いこと誘惑に抵抗してなんとかそれに打ち勝ったというのに、摂理は自分にこんなにつらくあたらなくてもいいのに、などと考えたりするわけである。いずれにせよ、こうした悲しみは善いものだと短絡的に考えて、どんな激情にも姿を現す二枚舌にまったく注意を払わないのは、なんとも柔弱なことである。それに加えて、激情には前触れのようなところもあって、激情的な人は自分の本意とは正反対のことを言ってしまったことにあとになって気がつくものだが、そうするとその人はときとしてほとんど狂わんばかりになってしまう。このようなことも、激情によるところでありうるのだ。激情的になった人間は、この罪への逆戻りが自分をどんなふうに責め苛《さいな》んでいるか、どんなふうに絶望に陥れるか、おそらくはどんどん語気を荒らげて言い張り、「私は自分がそうするのを決して許さない」と言う。すると、こうした言葉はみな、彼のうちにどれほど多くの善が宿っているか、彼がどれだけ深い人間性を有しているかの表れだとされてしまう。こうした言葉は偽装なのだ。今、「私は自分がそうするのを決して許さない」という言葉――こういう場合にじつによく耳にする言葉だ――を差し挟んでおいたが、それはよくよく考えた上でのことである。この言葉を手がかりにすれば、たちどころに正しいところへと弁証法的にたどり着ける。彼は自分がそうするのを決して許さない――けれども、もし今、彼がそうするのを神が許そうとされているのだとすれば、彼は自分のことを許すだけの寛大さくらいは持ってもいいだろう。それなのに、罪をめぐる彼の絶望は、その表現である激情という形をとってますます荒れ狂うのであり、そうなると、彼が「自分がそうするのを決して許さない」と言うときには、じつは彼は罪を犯しているのかもしれない（彼としては思いもよらないことだ）ということが露呈してしまうのである（というのも、そんなふうにして口をつくこの言葉は、神に赦しを乞い求める、失意の底での悔い改めの念とは、およそ正反対のものだから だ)。だから、罪をめぐる彼の絶望は、善の規定などではなく、いっそう強まった罪の規定であり、罪の中に埋没するものなのである。なぜこんなことが生じるのだろう。誘惑に抵抗して打ち勝っていたとき、彼の目に映るのは等身大よりも善い自分の姿で、彼は自分のことを誇るようになった。この自尊心としては、過去のことはもうすっかり終わったことにしておきたいわけだ。それなのに、誘惑の罠に再び陥ると、過去のことが突如また目の前に現れてくる。彼の自尊心はこの痕跡に耐えることができず、それであのような悲嘆に暮れるのである。だが、この悲嘆が向かう先は、明らかに神から遠のいてゆく方向であり、だからこの悲嘆は隠れた自己愛であり自尊心なのである。悲嘆が向かうべきだったのは、自分が誘惑に打ち勝つようにこんなにも長いあいだ神が自分のことを助けてくださったということを謙虚に感謝すること、自分が誘惑に打ち勝っていたことがすでに自分の身の程をはるかに越えたことだったということを神と自分自身の前で告白すること、そして、かつての自分の姿を思い出して謙虚になること、こうしたところなのだ。

他の場合と同じことで、ここでもやはり、昔の篤信的な本[*43]が説いていることが、とても深く、よく物事をわきまえていて、すぐれた道しるべになる。それらの教えるところによれば、ときとして神は信仰者がよろめいてあれこれの誘惑に陥るのをお見過ごしになる――それは、彼を謙虚にさせ、それによって彼を善のうちへといっそう強固につなぎとめるためである。誘惑の罠に再び陥ることと、善の方におそらくかなりの前進をすること、ここにある対照性が人間をとても謙虚にするのだが、この対照性を自分の身に引き受けるのは、どうしようもない苦痛なのである。善の方に進んでいればいるほど、当然のことながら、個々の罪の苦痛はいっそう深くなるし、もしそこで正しく向きを変えなければ危険もいっそう増してゆくので、ほんのちょっとの苛立ちでも危険になる。ひょっとしたら彼は悲しみのあまり憂愁の底に沈んでいってしまうかもしれないのだ——すると、間の抜けた牧師さんたちは、こうしたことは善のおかげであるかのように思ってしまって、なんと深遠な魂の持ち主であることかとか、彼の内なる善の力はなんと大きいことかなどと感嘆しかねないのである。また、彼の妻はどうかというと、自分の罪をめぐってこんなふうに悲しむことのできる真剣で高徳な夫と比べてみて、わが身を深く恥じ入ったりする。おそらくは、彼の言葉もまたいっそう欺瞞的になってきて、今では「私は自分がそうするのを決して赦すことができない」とは言わないだろう（そう言ってしまうと、彼は以前には自分が罪を犯すのを赦していたことになってしまうわけで、冒瀆になってしまうからだ）。彼は「自分がそうするのを神がお赦しになるなどということは決してありえない」と言うのである。この言葉は偽装でしかない。彼の悲しみ、心配、絶望は、利己的なのである（罪に対する不安の場合と同じだ。罪に対する不安の場合、その不安は罪のない自分であることを誇ろうとする自己愛に他ならないので、ときとして人間を罪のうちに陥れるのである）——そして、彼が何よりも必要としないものが慰めなのであり、だから、例の牧師さんたちが処方する膨大な量の慰めは、この病気を悪化させるばかりなのである。

B　罪の赦しについて絶望する罪[1]（躓き）

自己についての意識の度の強まりは、ここではキリストについて知ることであり、キリストに直面する自己であることである。（第一編の）最初にあったのは、永遠な自己を持つことについての無知だった。それから、何か永遠なものを包有している自己を持つことについての知が現れた。その上で（第二編への移行の際に）、この区別は、自己自身について人間的な観念を持つ自己、言い換えれば、人間を尺度とする自己において成り立つということが示された。それとは対照的なのが神に直面する自己であり、この自己が罪の定義の基礎に置かれたのだった。

(1)　自分の罪をめぐって絶望することと、罪の赦しについて絶望することの違いに注意してほしい。

ここで、自己はキリストと直面することになる。この自己は、やはり絶望して自己自身であろうとしない自己、あるいは絶望して自己自身であろうとする自己である。というのも、罪の赦しについての絶望は、弱さの絶望と反抗の絶望という絶望の二つの形式のいずれかに分類されるはずだからだ。躓《つまず》いて信じるだけの勇気がないというのが弱さの絶望であり、躓いて信じようとしないというのが反抗の絶望である。ただ、ここでは（ここでの論点は、ただ自己自身であることについてではなく、罪人であるという規定の中で、それゆえ自分の不完全性という規定の中で自己自身であることなので）、弱さと反抗が、他の場合と逆になりはする。他の場合、弱さとは、絶望して自己自身であろうとしないことである。ここでは、それが反抗なのである。なぜなら、自己自身であろうと、ありのままの自分であろうと、罪人であろうとしないのは、それゆえ罪の赦しを無用にしてしまおうとするのは、反抗に他ならないからである。他の場合、反抗とは、絶望して自己自身であろうとすることである。ここでは、それが弱さなのであって、絶望して、自己自身であろうと、罪人であろうし、それゆえ罪の赦しなどないと考えるのである。

キリストに直面する自己とは、神の途方もない譲歩によって度を強められた自己のことである。神が生を享《う》けられ、人となられ、苦しまれ、死なれたのは、この自己のためでもあるという事実が自己に課す途方もない強調によって、度を強められた自己のことである。先に、神の観念が増せば増すほどいっそう自己になると言ったが、ここでは、キリストの観念が増せば増すほどいっそう自己になると言える。自己は、質的には、その尺度となるものと同じである。キリストがその尺度であるということは、自己が途方もない現実性を手にしているということを神が請け合ってくださっていることの表現なのである。神が人間の目標であり尺度であるということ、あるいは尺度であり目標であるということ、このことはキリストにおいてはじめて真実なのだ。——とはいえ、自己になればなるほど、ますます罪はその度を強めるのである。

この罪の度が強まっていることは、別の観点からも示すことができる。罪とは絶望のことだった。そして、その度が強まったものが、罪をめぐる絶望だった。さて今、神は罪の赦しにおいて和解を申し出ておられる。それなのに、この罪人は絶望するのであり、だからこの絶望はよりいっそう深い表現をとることになる。つまり、この絶望はある仕方で神と関わっているが、その関わり方とは、この絶望が神からよりいっそう遠いところにあって、よりいっそう罪の中に強くはまり込んでゆくというものなのである。この罪人が罪の赦しについて絶望するさまは、神のもとに押しかけてゆくようなものだ。「いや、罪の赦しなんてものはありはしない。そんなものは不可能だ」などというのは押し問答のように聞こえるし、取っ組み合いでもしているように見える。だが、そんな言葉を言ったり聞いたりできるためには、人間は神から質的に遠ざからなくてはならない。「近くで〔cominus〕」戦うためには「遠くに〔eminus〕」いなくてはならないわけだ。精神としてのあり方というのは、音響学的には、このように不思議な仕方で形作られていて、神とどれくらいの距離にあるかは、このように不思議な仕方で決められるのである。神に食ってかかろうとするような、この「いや……」という言葉を口にすることができるためには、人間はできるかぎり神から遠ざかっていなくてはならないのである。神に対するこの上ないずうずうしさは、神からもっとも遠くにいるということであり、神に対してずうずうしくするためには、人は神から遠く離れなくてはならないのである。神に近づくとき、人はずうずうしくすることなどできず、だから、もし人がずうずうしくするなら、それは「とりもなおさず〔eo ipso〕」神から遠く離れているということなのである。神に直面する人間の無力さよ！　もし誰かが高い地位にある人に対してずうずうしくするなら、その人はたぶん罰として遠くに放り出されることだろう。他方で、神に対してずうずうしくするためには、神から遠いところに赴かなくてはならないのである。

人々のあいだでは、この罪（罪の赦しについて絶望すること）はたいてい見誤られている。とくに、倫理的なものが放棄されてしまって、しっかりした倫理的な言葉を聞くことが、まれにしか、いやまったくなくなってしまって以来、そうである。美学的・形而上学的には、罪の赦しについて絶望することは、深い本性のしるしであるとして敬意を払われているが、そんなのは、わんぱくであることを子どもにとっての深い本性のしるしと見なそうとするのと大して変わらないのではないだろうか。神に対する人間の関係において、その唯一の行為原則である「おまえはするべきだ」が放棄されてしまってからというもの、どれだけの混乱が宗教的なものの中に入ってきたことか、まったく信じられないほどだ。この「おまえはするべきだ」は、宗教的なものの規定には必ず伴われていなければならないものである。だが、そうなってはおらず、人々は突拍子もないことに、神に直面することで自分を重要なものにできると考えて、神の観念を、あるいは神についての観念を、人間の重要性の一端として利用しているのである。人々は野党に所属することで自分を政治的に重要なものにするのであり、結局のところ、自分が反対できるものを求めて政府の存在を望む。それと同じようなことで、人々は自分が神の反対者になることで自分をずっと重要なものにしようとするのであり、だから結局のところ、神を放棄することを望まないのである。それに、昔であれば不敬な不従順の表れとして身震いされていたようなことが、今日では天才的なこと、深い本性のしるしとなっている。「おまえは信じるべきだ」、昔はそのように簡潔に、そして適切に、できるかぎりつつましく言われたものだ——今日では、信じることができないということが、天才的なことであり、深い本性のしるしなのだ。「おまえは罪の赦しを信じるべきだ」、そう言われていたし、この言葉への唯一の注釈として「もしおまえにそれができないなら、おまえにとって不運なことだ。なぜなら、なすべきことは、することができるからだ」と言われていたのだ——今日では、罪の赦しを信じることができないということが、天才的なことであり、深い本性のしるしなのである。なんともすばらしい成果をキリスト教界はもたらしたものだ！　そもそもキリスト教についての話などなければ、人間がこんなふうに思い上がることはないだろうし、実際、異教がそんなふうに思い上がったことはない。だが、キリスト教的なさまざまな観念がこんなにも非キリスト教的な形で流布してしまえば、それらはこうしたこの上なく厚かましいことのために利用されてしまうのである。同じくらいずうずうしい、また別の仕方での誤用もあるだろう。つまり呪いのことだが、異教の中では呪うということが風習にはならなかったのに、キリスト教界ではそれが当たり前のことになっているのは、なんとも警句的ではないか。異教徒は、ある種の恐れや神秘的なものに対する畏怖の念を持って、多くの場合、きわめて厳粛な心もちで神の名を呼んだものだ。他方、ここキリスト教界では、神の名は日常会話の中でもっとも頻繁に登場しており、もっとも無反省に、もっとも無頓着に用いられている言葉であることは疑いようがない。なぜこんなことになってしまっているのか。それは、哀れな、人前に姿を現した神（身分の高い人たちは通例自分の身許を隠しておくものだが、そうすることをせずに、不注意にも、また愚かにも姿を現してしまった神）が、民衆にとって、たんなるお馴染みの人物の一人になってしまったからである。つまり、ときどき教会に行けばそれだけでこの人物に行き過ぎたほどの奉仕をしたことになるし、教会では牧師さんからそのことを褒められ、牧師さんの方は教会への訪問によって示された敬意に対して神の代わりに感謝し、教会を訪れた人のことを「敬虔」と呼んで敬意を表現するが、教会に行くという敬意を神に示そうとしない人には、ちょっとばかり嫌味を言う、といった具合なのだ。

罪の赦しについて絶望する罪は、躓きである。キリストが罪を赦そうとされたために、ユダヤ人は彼に躓いてしまった[*44]が、それはまったく当然のことだった。一人の人間が罪を赦そうとすることに信仰者でない者が躓かずにいるには（信仰者であれば、むろんキリストが神であったことを信じている）、並々ならぬ精神喪失（つまり、キリスト教界でよくお目にかかる精神喪失）が必要となる。さらには、罪は赦されうるのだということに躓かないためにも、同じように並々ならぬ精神喪失が必要なのである。人間の知性からすれば、罪が赦されうるということ以上に不可能なことはない――だが、それを信じられないことが天才的なことだなどと称賛するつもりは私にはない。それは信じられるべきだからだ。

当然のことながら、異教ではこのような罪は存在しえなかった。仮に異教徒が罪について の真なる観念を持つことができるとしても（異教徒には神の観念が欠けているのだから、このことすらできない相談ではあるのだが）、異教徒は自分の罪をめぐって絶望することより先に進むことはないだろう。というより、むしろ、もし異教徒が世間的なことをめぐってとか、一般的な意味での自己自身をめぐって絶望するのではなく、自分の罪をめぐって絶望するところまで本当に行き着くとしたら、その異教徒を称賛しなくてはならないだろう[1]（人間的な知性と思考に対する譲歩は、これに尽きよう）。そこまで行き着くのにも、人間的に言えば、深い心性と倫理的な規定が必要とされる。人間は人間としてそれより先に進むことはできないし、ここまで行き着く人でさえほとんどいないのだ。だが、キリスト教的に見るとき、すべてが一変する。なぜなら、おまえは罪の赦しを信じるべきだからだ。

（1）　ここでは、罪をめぐっての絶望が信仰への方向で弁証法的に捉えられているということに、お気づきいただきたい。こうした弁証法的なものが存在しているということは（本書は絶望を病としてのみ扱っているとはいえ）、決して忘れられてはならない。その弁証法的なものはどこに存在しているのかと言えば、絶望が信仰への最初の契機でもあるという点である。方向が逆になり、信仰から、神との関係から遠ざかってゆく場合には、罪をめぐる絶望は、新しい罪なのである。精神の生にあっては、あらゆるものが弁証法的なのだ。躓きもまた同じことで、それは止揚された可能性としては信仰への一契機だが、信仰から遠ざかる方向である場合には罪なのである。キリスト教に躓くことすらできないということで誰かを非難することは可能だが、これは躓くことを何か善いことだと考えている場合である。逆の場合には、躓くことは罪だと言わなくてはならない。

さて、罪の赦しとの関係では、キリスト教界はどのような立ち位置にあるのだろうか？キリスト教界の状態が、じつのところ罪の赦しについての絶望であることは確かだ。ただ、このことは、そうした状態であることが露呈すらしていないほど、キリスト教界は退歩してしまっている、というふうに理解されなくてはならない。キリスト教界の人々は、罪についての意識を持つところにさえ至っていないのだ。人々は異教でも知っていたような類いの罪についてしか知らず、異教的な安心感に包まれて幸せにつつがなく暮らしている。そして、人々は、このキリスト教界で暮らしているので、さらに先へ進んでゆく。人々は、この安心感こそが罪の赦しについての意識だと錯覚してしまうのである――キリスト教界にあっては致し方ないことではあるが。牧師たちが教会員のその錯覚を強めてくれるわけである。

キリスト教界においてもっとも不遇をかこっているのは、じつのところキリスト教なのである。つまり、神－人についての教え[*45]（キリスト教の理解では、この教えは逆説と躓きの可能性によって保証されている点に注意してほしい）が繰り返し説教されることによって薄汚れてしまい、神と人間のあいだの質的差異が（はじめは上品に思弁的なやり方で、それから庶民的に通りや路地で）取り払われてしまったのである。これまで地上にあったどんな教えも、キリスト教ほど神と人間を実際に近づけはしなかった。そんなことはどんな教えにでもできることではなかったのだ。神ご自身だけがそれをなされうるのであって、およそ人間が捻り出すものはといえば、夢想であり、不確かな空想であるにすぎない。神がこのようにお取り計らいになられると、神と人間は結局同一のものなのだと考えて、この教えを薄汚れさせてしまうという、これ以上ないくらいにぞっとする冒瀆が生じる余地が出てくる。だが、キリスト教ほどにこうした冒瀆に対して用心深く身を守っている教えというのも、これまでなかったのである――これまで存在したどんな教えも、躓きによって身を守るキリスト教ほど冒瀆に対してしっかり身を守りはしなかったのだ。災いあれ、だらしのない説教者たちよ！　災いあれ、怠慢な思想家たちよ！　災いあれ、災いあれ、彼らから学び、彼らを称賛してきた取り巻きどもよ！

もしこの世において道理というものが保たれるべきであるなら――そして神は、無秩序の神ではないのだから、そのことをお望みでいらっしゃる[*46]――、何よりもまず、一人一人が単独の人間であること、一人一人が単独の人間であることを自覚するようになることに注意が向けられなくてはならない。もし人間が、まず寄り合って、アリストテレスが「動物的規定」と呼ぶもの[*47]、つまり群衆になることが許されるとすれば、そしてそれから、この抽象物が（これは無以下のもの、単独の人間の中でもっとも低劣な者よりさらに下のものであるはずなのに）無視しえないものと見なされるようになってしまおうものなら、この抽象物が神と化すのも時間の問題である。すると、事は神‐人の教えと「哲学的な意味で〔philosophice〕」合致してしまうのだ[*48]。群衆が国王を威圧するとか、新聞が高官を威圧するといった事態を、われわれはいろいろな国家で見聞きしているが[*49]、それと同じように、すべての人間が「ひとかたまりになって〔summa summarum〕」神を威圧するさまを、われわれは見出すに至る。そうなると、これこそが神－人についての教え、つまり神と人間は「同義語〔idem per idem〕」であるという教えだと言われてしまうのである。個に対する世代の優位を説くこの教えの普及に携わった哲学者たちの多くが、大衆こそが神－人なのだというところまで彼らの教えを下落させるに及んでは、嫌悪の念を覚えて、そこから顔を背けてしまうのも、もっともなことではある。だが、こうした哲学者たちが忘れてしまっているのは、そうしたこともやはり彼らの教えなのだという点である。上流階級の人たちがその教えを受け入れていたとき、上流階級の中のエリートたちや選ばれし哲学者仲間こそが神の化身だとされていたときに、この教えが今より真理だったわけではないということを、彼らは見逃してしまっているのである。

　要するに、神－人についての教えのせいで、キリスト教界は厚かましくなってしまったのだ。神があまりに気弱だったようにすら思えてしまうほどである。気立てのよい人が譲歩をしすぎてしまった挙げ句、忘恩で報いられてしまうようなことがあるが、それと同じことが神にも起こったようなものだ。神－人についての教えを案出されたのは神だが、今ではキリスト教界は厚かましくも事態を逆転させてしまって、神はわれわれの同族なのだと押しつけがましく言う始末である。こうなると、神がなされたこの譲歩の持つ意味は、最近国王が自由主義的な憲法の制定を約束した[*50]ことが持つ意味と、大して変わらなくなってくる――国王が自由主義的な憲法の制定を約束したことが何を意味するのか、人々はよく分かっている。

つまり、「国王としてはそうするより仕方なかったのだ」。だから、神がとうとう狼狽されてしまったかのように思われているわけで、賢い人が神に向かってこんなふうに言うのも的を射たことのようである。「こうなってしまったのは、あなたご自身の責任です。なぜあなたは、そんなにも深く、人間と関わり合いになられたのですか？　神と人間のあいだに同じようなところがあるなんて、誰一人思いつきもしなかったし、誰の心にも思い浮かばなかった[*51]でしょう。それをお告げになったのはあなたご自身であり、それであなたは今、そのことが結んだ実を収穫していらっしゃるわけです」。

だが、キリスト教は、そもそものはじめからこの方、自分の身を守っているのである。キリスト教は罪についての教えから始まる。罪の範疇は単独性の範疇である。罪のことを思弁的に思惟することなど決してできない。つまり、単独の人間は、概念とは無縁なのだ。われわれが思惟することができるのは、単独の人間についてではなく、人間という概念についてである。——だからこそ、思弁は個に対する世代の優位という教えにすぐ飛びついたのである。それというのも、現実性との関係で概念の劣位を認めることなど、思弁にとっては無理な相談だからである。——われわれには単独の人間のことを思惟することはできないように、われわれには単独の罪人のことを思惟することもできない。罪のことを思惟することはできる（この場合、罪は消極的なものになるが）。けれども、単独の罪人のことを思惟することはできないのだ。そして、まさにそれゆえにこそ、ただ罪についてだけ思惟しようとしてしまうと、罪にまつわる真剣さが現れえないのである。その真剣さとは、きみと私が罪人であるということに他ならないからだ。その真剣さとは罪全般というところに現れてくるものではなく、その真剣さの重点は単独者である罪人たちの上に置かれているのである。「単独の人間」に関して言えば、思弁は、それが思弁である以上、単独の人間であることとか、あるいは思惟しえないものであることを、そもそもひどく軽蔑しているに違いない。もし思弁がこの線に沿って何かする気になるとすればだが、思弁は単独者に向かってこんなふうに言うに違いない。「単独の人間であることなんかに時間を無駄にしている場合かね。そんなことはすっかり忘れてしまうのがいい。単独の人間であるということは、何ものでもないということだよ。思惟すればいいのさ。『われ思う、ゆえにわれあり〔cogito ergo sum〕』だよ」。だが、これもやはり偽りだろう。単独の人間が、単独の人間であることが、最高のことなのだろう。だが、ここではひとまず思弁の言うとおりだとしておこう。すると、まったく理の当然として、思弁はこんなふうに言い出すに違いない。「単独の罪人であるということは、何ものでもないということだ。そんなのは概念とは無縁のことだ。そんなことに時間を浪費するのはやめるがいい」。すると、その先はどうなるだろう。ひょっとして、われわれは(単独の人間であるよりもむしろ人間という概念のことを考えるよう求められているのと同じように)単独の罪人であるよりもむしろ罪のことを思惟すべきなのだろうか？　さらにその先はどうなるのか。ひょっとして、われわれは罪のことを思惟することで、自ら「罪」になってしまうのだろうか――「われ思う、ゆえにわれあり」？　なんと素晴らしいご提案！　だが、われわれはそんなふうにして罪に――純粋な罪に――なってしまうのではないか、などと恐れる必要はないのである。というのも、罪は思惟されえないからだ。罪が思惟されえないということは、思弁的には罪は概念からの離脱とされているのだから、じつは思弁自身も認めないわけにゆかないはずのことだ。だが、「譲歩した上での〔e concessis〕」議論に深入りするのはやめにして、本質的なところを見てみると、思弁の抱えている難点はまた別のところにある。罪との関係で倫理的なものが現れてくるということを、思弁は意に介さないのである。倫理的なものは、思弁とはいつも強調点が真逆になり、思弁とは反対向きに歩みを進める。なぜかと言えば、倫理的なものは現実性を抽象するようなことはせず、むしろ現実性の中に深く根を下ろしていて、本質的に、思弁が見過ごしたり軽蔑したりする単独性という範疇の力を借りて、その力を発揮するからである。罪とは単独者の規定なのだ。自分自身が単独の罪人であるというのに、単独の罪人であることは何でもないことであるかのようにすませてしまうのは、背任であり、新しい罪である。ここでキリスト教が分け入ってきて、思弁の前で十字を切るのだ。帆船が逆風をまともに受けながら帆走するのが不可能であるように、思弁がこの難点を切り抜けるのもまた不可能である。罪の真剣さとは、きみであれ私であれ、単独者における罪の現実性なのだ。思弁的には、単独者は黙殺されてしまい、だから罪について語ろうとすると、どうしても浅はかになってしまう。罪の弁証法は、思弁のそれとは正反対に進むのだ。

ここに始まるのがキリスト教なのである。それは、罪についての教えとともに、それゆえ単独者とともに始まる。(1) 確かにキリスト教は神‐人について説き、神と人間のあいだに同じようなところがあると教えるが、[*52] 同時に、軽率で無礼なずうずうしさを忌み嫌う。罪についての、そして単独の罪人についての教えによって、神とキリストは、どこかの国王とはまったく違う仕方で、国民や人民、大衆や公衆から――自由主義的な憲法の制定のあらゆる要求からも「同様に〔item〕」――断固として身を守っているのである。こうした抽象物は、どれも神の前には一切存在しない。キリストにおいて神の前に生きているのは、単独の人間（罪人）をおいて他にはいないのだ――そうでありながらも、神は全体を統《す》べられ、スズメのことまで気にかけていらっしゃるのである。[*53] 神とは、つまり秩序の友である。そして、秩序というこの目的のために、神ご自身が、あらゆる場所に、あらゆる瞬間に現前されるのである（このことは神のことを言い表す様式の一つとして教科書にも挙げられているが、人々は、このことについて、ときたまちょっとだけ考えてみるくらいで、あらゆる瞬間に考えてみようとはまずしないものだ）。神は遍在されるのだ。神がお持ちの概念は、人間が持つ概念と同じではない。人間が持つ概念について言えば、単独者はそれとは無縁であり、単独者がその中に吸い尽くされてしまうようなことはない。神がお持ちの概念は一切を包括していて、だからまた別の意味では、神はいかなる概念もお持ちではないのである。神は簡約の助けなど必要とされずに、まさにこの現実性を、すべての単独者のことを概念的に把握（「包括的に把握〔comprehendit〕」）されているのであって、神にとっては単独者は概念と無縁というわけではないのである。

（1）　人類の罪についての教えはしばしば濫用されてきたが、それは人々が次のことに注意を払ってこなかったからである。つまり、罪は万人に共通するものであるが、人間を共通する概念や、共同体や、組合のうちへとひとまとめにしてしまうようなものではなく（「郊外の墓地で死者たちが寄り集まって共同体を形成するようなことがないのと同じことだ」[*54]）、罪はむしろ人間を単独者へと分散させ、単独者のめいめいを罪人として釘付けにするものだということである。この分散は、見方を変えれば、この世の生の完全性と合致するし、その目指すところもやはりその完全性の方にあるのである。人々は、このことに注意を払おうとせず、堕落した人類をキリストによって一挙に善へと回帰させてしまった。そうして人々はやはりまた神に抽象物を背負わせてきたが、この抽象物は、抽象物であるがゆえに、神とのいっそう近い類縁関係にあろうとする。だが、こんなことには何の内実も伴っておらず、人間をあつかましくさせてしまうばかりである。「単独者」が神との類縁関係を感じ取るべきである以上（そしてこれこそがキリスト教の教えなのだ）、単独者はまた、そのことから生じるあらゆる重圧も、おそれとおののきのうちに[*55]引き受けなくてはならないのだ。彼は躓きの可能性を見出すに違いない（それ以前に見出していなければ、だが）。他方、単独者は抽象物を介してこの栄光に触れるのだとすると、事はあまりにお手軽になってしまい、結局、空疎なものになってしまう。そうなると、単独者は、謙虚さへと人間を深く押し下げると同時に人間を引き上げもする、神からの巨大な重圧を引き受けることはない。単独者は、かの抽象物の一部をなすことで、何の造作もなしにあらゆるものを手にしていると思い込んでしまう。人間であることは動物であることとは違う。動物の場合、一四一四はいつもその種より下位である。人間は、他の動物種から、よく挙げられているような利点によって識別されるだけでなく、個々人が、単独者が種より上位であるということによって、質的に識別されるのである。そして、この規定がまた弁証法的なのであって、それが意味するところは、単独者が罪人であり、そうでありながらも単独者であることが完全なことなのだ、ということである。

罪についての教え、きみや私が罪人であるという教えは、「大衆」を無条件に分散させてしまうが、それはこうして神と人間のあいだの質的差異を、かつてなかったほど深くしっかりと固定する——繰り返しになるが、罪とは神の前にこそ存在するのだから、神のみがこれをなされうるのである。人間と神の差異がもっとも際立つのは、人間が罪人であるという点、一人一人の人間が罪人であるという点である。それなのに、人間は「神の前」に存在するのだ。ここに、この対照的な二者が二重の意味で結びつけられることになる。この二者は結びつけられ（「くっつけられ〔continentur〕」）て、お互いから離れてゆくことが許されないのだが、そんなふうにして結びつけられていることで、差異がいっそう明確になってくるのである。それはちょうど二つの色を並べてみるようなもので、「並置するときに対照性はいっそう際立つ〔opposita juxta see posita magica illucescunt〕」わけである。罪とは、人間を主語にしたときにふつう述語となるあらゆるもののうち、「否定の道〔via negationis〕」においても「肯定の道[56]〔via eminentiæ〕」においても、神の述語にはなりえない唯一のものである。神について（神は無限であるということを、神は有限ではないというふうに「否定の道」によって言い表すのと同じ意味で）神は罪人ではないと言い表すのは、冒瀆である。

　人間は、罪人として、質的差異というもっとも大きな淵[57]によって神から隔てられている。そして、言うまでもなく、神が罪人をお赦しになるときにも、その同じ質的差異という大きな淵によって、神はやはり人間から隔たったところにいらっしゃる。逆向きの適応によって、神的なものが人間的なものに移し替えられるということは、他の場合にはありうるとはいえ、罪人を赦すというこの一点においては、人間はどこまでいっても神と似たものには決してなりえないのである。

ここが、躓きがきわめて色濃い姿で現れるところである。他でもない神と人間のあいだの類似性を説いている教えが、それを必要としているのだ。

ところで、躓きは、主体性についての、単独の人間についての、およそ思いつくかぎりもっとも決定的な規定である。もちろん、躓いている人のことは考えずに躓きのことを考えるのは、笛を吹く人がいないのに笛の演奏のことを考えることほど[*58]無理難題というわけではない。それでも、躓きは恋愛などよりずっと現実離れした概念であり、躓きが現実化するのは躓く単独者が現れるそのときどきでしかないということ、このことは思惟の上でさえやはり認めざるをえないだろう。

というわけで、躓きは単独者に関わる。そして、ここに始まるのがキリスト教なのであって、キリスト教は、それぞれの人間を、単独者に、罪人にするところに始まるのである。ここに、天と地がかき集めることができる躓きの可能性の一切が集約されるのである（神が手を下されるのはこのことを措いて他にはない）。これがキリスト教なのだ。だから、キリスト教は一人一人の単独者に向けて、「おまえは信じるべきだ」と言うのである。それはつまり、「おまえは、躓くか、それとも信じるか、そのいずれかをとるべきだ」ということだ。

それ以上は一言もない。付け加えるべき言葉は何もないのだ。「もう語ってしまった」——天の神はこうおっしゃる。「永遠において、私たちはまた語り合うことにしよう。それまでのあいだ、おまえはやりたいことをやればいい。だが、審判のときはもうすぐだ」。

審判！　われわれ人間は、次のようなことを学び知ったり経験によって教えられたりしている。船上や軍隊で暴動が起きた場合には、有罪者が多くなりすぎてしまうので、処罰は断念されなくてはならないこと。それから、公衆（高貴でおられ、教養も身につけておられる公衆）やら国民やらが同じようなことをしでかす場合には、それが犯罪にならないばかりか、彼らにとっては福音書や啓示と同じくらい信頼に値する新聞によれば、それは神の意志なのだということ。なぜこんなことになってしまうのだろうか？　審判という概念は単独者に対応するものであり、「ひとまとめにして〔en masse〕」裁くわけにはゆかない。人民を「ひとまとめにして」打ち殺すことはできるし、「ひとまとめにして」水を浴びせかけること、「ひとまとめにして」おだてることもできる。早い話が、いろいろな仕方で人民を家畜扱いすることができるわけだ。けれども、人民を家畜のようにして裁くこと、これはできないことだ。なぜなら、家畜を裁くことなどできないからだ。どれだけ多くの人が裁かれるとしても、裁くということが真剣で真実なことであるかぎり、一人一人の単独者が裁かれるのである[1]。さて、有罪者の数が非常に多くなる場合、裁くということが人間の手には負えなくなってくる。こうして事の全体が放棄されてしまうわけだ。それで、人々は審判などというものが入り込む余地はなく、裁こうにも有罪者が多すぎる、というふうに思ってしまうのである。有罪者のことを単独者として捉えることができず、そうする術がないのである。そうして、裁くことを放棄せざるをえなくなるわけである。

（1）　神が「審判者」であるとは、こういうことなのだ。神の前には大衆はおらず、ただ単独者だけがいるのである。

さて、物事をよく知るようになったわれわれの時代にあっては、神は人と同じような形をしているとか、神は人と同じような感情を持つといった考え方は、不適当だと思われている。それなのに、神のことを、ふつうの裁判の判事や軍事裁判の判事と同じような審判者と考えるのは、不適当だと思われていない。こうした判事は、こまごまとした事件にまで首を突っ込むことはできない——それで、人々はこんなふうに結論づけてしまう。永遠においてもまったく同じことだろう。だから、とにかく一致団結して、牧師に確実にこの線で説教してもらうようにして、身を守ることにしよう。そして、もしあえて異説を唱える単独者が出てくるとしたら、愚かにも、わざわざおそれおののきつつ[*59]自分の生に関心を払ってその責任を持とうとし、その上、他者に対してまでうるさく口を出す単独者が出てくるとしたら、そんな奴のことは狂人と見なしてしまって、それとも必要ならば打ち殺してしまって、身を守ることにしよう。多数派であるところに不正はないのだ。多数派が不正をなしうるなどというのは、ナンセンスだし、時代遅れの考えだ。多数派がなすところに神の意志があるのだ。

この知恵の前に、これまであらゆる人間が、国王も皇帝もお偉方も頭を下げてきた。そのことを、われわれは経験から知っている――われわれは青臭い若造ではないし、たわごとを言っているわけではなく、経験を積んだ大人として語っているのだから。この知恵のおかげで、われわれすべての被造物は、これまでやってこられたのだ。だから、神だって今にこの知恵の前に頭を下げられることだろうさ。早い話、われわれは多数派になりさえすればよいのだ。一致団結した紛うことなき多数派になることだ。そうすれば、われわれは永遠の審判に対してだって身を守ることになる。――なるほど、もし彼らが永遠においてはじめて単独者になるのだとしたら、彼らは確かに安全だろう。けれども、彼らは神の前で、これまでも、今このときも、いつだって単独者なのだ。ガラスケースの中で座っている人でも、神の前で透明になるわれわれ一人一人の人間ほど当惑することはないだろう。これは良心の関係である。良心によって、罪責の一つ一つはすぐ報告書につけられるようになるし、罪責を犯した者自身が書き込まなくてはならないようになっているのである。だが、その報告書は特殊なインクで書かれていて、永遠が良心のことを吟味するあいだ、永遠において光にかざされるとき、はじめて鮮明になるのである。結局、人間はみな、永遠に到着するとき、自分がしでかしたり怠ったりしたどんな些細なことも残らず記したこの上なく正確な資料を身に携えていて、それを手渡すのである。だから、永遠において審判を執り行うことは子どもにでもできる。というのも、第三者が手出しすべきことは本当に何もなく、口にされたもっとも取るに足らないような言葉に至るまで、とにかくあらゆることが整理されているからだ。罪責を犯した者が、この世の生を通過して永遠へと向かう旅路につく。彼はまるで汽車に乗って殺人現場から――そしてまた、その犯罪自体から――ものすごい速さで逃走しようとする殺人者のようなものだろう。だが、彼が座った車両の真下には電信網が通っていて、彼の人相書きと、最寄りの駅で彼を逮捕せよという指令が流されているのである。彼が駅に着いて車両から降り立つや、彼は拘束される――彼は自分の罪状書を携えてきたようなものだ。

こうしたわけで、罪の赦しについての絶望は躓きなのである。そして、躓きとは罪の度が強まったものなのである。人々は、たいてい、このことにまったく思い至らない。躓きが罪に数え入れられるようなことは、ふつうほとんどない。躓きを含んだ罪について語られるようなことはまずないし、語られる罪はといえば、躓きを含まないものばかりである。まして や罪の度が強まったものが躓きだなどと捉えられるようなことはない。その原因は、人々がキリスト教が説くように罪－信仰を対置せず、罪－徳を対置してしまうところにある。

C　キリスト教を「積極的に〔modo ponendo〕」廃棄し、虚偽であると宣言する罪

これは聖霊に対する罪である。[*61] 自己は、ここで、もっとも絶望的にその度を強められている。自己は、キリスト教の全体を投げ捨ててしまうだけでなく、それを嘘であり虚偽である

とするのである——このような自己は、自己自身について、いったいどれほどまでに絶望的な観念を抱いていることだろう！

罪とは人間と神のあいだの争いであり、ここではその戦術が変化していると捉えてみれば、この罪の度の強まりというものが明瞭に見て取れる。この罪の度の強まりは、守勢から攻勢への上昇なのである。罪が絶望であるとき、その戦いは逃避的なものだ。それから自分の罪をめぐる絶望が現れるが、そこでの戦いもやはりまだ逃避的であって、安全な自陣の中で自分を強化しながら、それでいてたえず「後ろ向きに〔pedem referens〕」行われる。ここで戦術が変わる。罪がどんどん深まってゆき、そうして罪人は神から遠ざかってゆくのであるが、それでも罪人は、ある意味で神に近づいてゆくのであり、ますます決定的に自己自身になるのである。罪の赦しについての絶望は、神の慈悲深い申し出に反目する一つの明確な態度である。この罪は逃避一辺倒というわけではないし、ただ守勢的であるばかりではない。そして、キリスト教を虚偽であり嘘であるとして廃棄するこの罪は、攻勢的な争いなのである。これに先立つものはみな、敵のほうが強いのだということを、とにもかくにも認めてはいる。ところが、今や、この罪は攻撃に打って出るのである。

聖霊に対する罪は、躓きの積極的な形態である。

キリスト教の教えとは、神‐人についての教えであり、神と人間のあいだの類似性についての教えであるが、躓きの可能性があることには十分注意しなくてはならない。こう言ってよければ、躓きの可能性とは、人間が神に近づきすぎてしまうことがないように、神がご自身をお守りになる保証なのである。躓きの可能性は、キリスト教的なものすべてに含まれている弁証法的契機である。もしこれが取り除かれてしまえば、キリスト教的なものは異教と変わらなくなってしまうばかりか、きわめて空想的になってしまい、異教はそんなものは戯言だと明言することだろう。キリスト教の説くところでは、人間はキリストにおいて神に近づくことができるし、神に近づこうとするし、そして神に近づくべきであるが、そんなふうにして神の近くにあるということは、どんな人間も思いつきはしなかった。もしこのことが、額面どおりに、造作なしに、ほんのわずかの留保もなく、まったく思いのままに、お気楽に理解されてしまおうものなら、キリスト教とは――神々についての異教の作り話を人間的狂気と呼ぶとすれば――狂気の神の創作である。こんな教えを思いつけるのは、正気を失ってしまった神しかいないだろう――なんとか正気を保っている人間であれば、こう判断せざるをえまい。もし人間がそんなふうに無造作に神のご同輩になれるのなら、人となった神はシェイクスピアのヘンリー王とたいして変わらなくなってしまう[*62]だろう。

神と人間は二つの質であるが、そのあいだには無限の質的差異がある。この差異を見逃す教えはどれも、人間的観点から言えば狂気であり、神的観点から見れば冒瀆である。異教の場合、人間が神を人間にした（人‐神）。キリスト教では、神がご自身を人間にされる（神‐人）――だが、神は、この慈悲深い恩寵の無限の愛の中に条件を一つ設けられる。神としては、そうされるより仕様がないのだ。「神としてはそうされるより仕様がない」ということ、これこそがキリストの悲しみに他ならないのである。神は、身を卑しくすることをなさりうるし、僕《しもべ》の姿をまとうこと、人間のために苦しむこと、死ぬことだってなさりうる。[*63] あらゆる者をご自身の下に招き、[*64] その生涯のすべての日を、一日のすべての時間を、その生命までも犠牲にすることをなさりうる——だが、躓きの可能性を取り除くこと、このことはなさりえないのである。比類のない愛のわざよ！　はかり知れない愛の悲しみよ！　神ご自身ですら躓きの可能性を取り除くことをなさりえず——別の意味では、神はそうすることを望まれてもいないし、望むことをなさりえないわけだが——、それに、たとえ神がそれを取り除くことを望まれるとしても、この愛のわざのためにかえって人間が正反対のところに、悲惨の極致にもたらされてしまいうるという可能性をなくすこと、このことを神はなさりえないのだ！　およそ考えられうるかぎり人間にとって最大の悲惨は、罪よりもずっと悲惨なのは、キリストに躓くことであり、その躓きにとどまっていることである。そして、キリストには、「愛」には、この可能性をなくしてしまうことができないのだ。見よ、キリストはこうおっしゃっているではないか。「私に躓かない者は幸いである」〔「マタイによる福音書」一一・六（一部改変）〕と。キリストはそれ以上はなさりえないのだ。このように、キリストは、その愛ゆえにこそ、人間のことを、いまだかつて誰も味わったためしがないほど悲惨にするということをなさりうるのである。こんなことがありうるのだ。なんとはかり知れない愛の矛盾であろう！　それなのに、キリストは——愛ゆえに——この愛のわざを成し遂げることを思いとどまることがおできにならないのだ。この愛のわざのせいで、人間は背負い込まなくてよかったはずの悲惨を背負い込む羽目になるというのに！

このことについて、まったく人間的に語ってみよう。愛ゆえにこそ、愛のもたらす一切を犠牲にしようとする衝動を一度たりとも感じたことがない人、だからそうすることができなかった人、そうした人は、なんと哀れな人間だろう！　だが、他でもない愛におけるその犠牲が、他の人間を、恋人を、この上ない不幸に陥れてしまうということ、そんなことがありうることを発見するときには、人間はいったいどうなってしまうのだろうか？　見通しの一つはこうだ。彼の中の愛は、その弾力性を失い、力強い生命であることをやめてしまって、閉ざされたところにある、悲しみの感情の源と化してしまう。彼は愛とは距離を置いてしまう。彼はこの愛のわざをあえて行おうとはしないし、そのわざの重みではなく、あの可能性の重みの下に崩れ落ちてしまいさえする。なぜだろうか。棒の一端におもりをつけると、棒は無限に重たくなり、それを持ち上げようとする者は、棒のもう一方の端をつかむことになるだろう。それと同じで、あらゆる行為《わざ》は、それが弁証法的になると無限に重たくなるのであり、共感的・弁証法的になるときに行為はもっとも重たくなるのである。だから、恋人のためにすべきだと愛が促すことを、恋人に対する気遣いの方が思いとどまらせているように思われてくるのである。——もう一つの見通しはこうだ。愛が勝利を収め、彼は愛ゆえにこの愛のわざをあえて行う。だが、この愛の喜び（愛はいつも喜ばしいもので、とくに愛によってすべてを犠牲にするようなときはそうだ）の中には、やはり深い悲しみもある——恋人をこの上ない不幸に陥れてしまうかもしれないのだから！　だから、彼としては、この彼の愛のわざを成し遂げることを、犠牲をもたらすことを歓喜しながら行うが、涙なくしてはなしえないのである。つまり、この熱情の歴史画とでも呼ぶべきものの上には、こんな暗い可能性が漂っているのであり、しかも、もしこの可能性がその上に漂っていなかったなら、彼の行為は真の愛のわざではなかっただろう、ということなのだ。——友よ、きみはその人生でどんなことをしてみたというのか！　頭を働かせてみることだ。覆いを取り払って、きみの胸の中にある感情の「はらわた〔viscera〕」をさらけ出してみることだ。きみが読んでいる作家からきみのことを分け隔ててしまっている障壁をすべて取っ払ってみることだ。そして、シェイクスピアを読んでみることだ——そうすれば、きみはもろもろの葛藤を前にして身震いすることだろう。けれども、本物の宗教的な葛藤の前では、シェイクスピアですら、たじろいでしまったものと見える。本物の宗教的な葛藤は、ただ神々の言葉によってのみ表現できるということなのだろう。そして、人間は誰一人として、神々の言葉を語ることなどできない。というのも、すでにあるギリシア人[*65]が美しく言い表したように、人間は人間から語ることを学び、神から黙することを学ぶからである。

神と人間のあいだに無限の質的差異があるということ、これが取り去ることのできない躓きの可能性である。愛ゆえに、神は人間になられる。[*66]神はおっしゃる、「人間であるとはどのようなことなのか、これで分かるだろう」。「だが」——神は続けられる——「おまえよ、心せよ。私はまた神でもあるのだから——私に躓かない者は幸いである」。神は、人間として、卑しい僕の姿をまとわれる。[*67]神が卑しい人間であることを身をもってお示しになるのは、誰一人として自分は除け者だと思うことがないようにするためであり、あるいは、人間を神のもとに近づけるのは人間的な評判だとか人間のあいだでの地位なのだと思い込んでしまう人がいないようにするためである。[*68] そう、神は卑しい人間であられるのだ。「私の方を見てみなさい」——神はおっしゃる——「そして、人間であるとはどのようなことなのか、確かめてみなさい。だが、心せよ。私はまた神でもあるのだから——私に躓かない者は幸いである」。あるいは、逆にこんなふうにおっしゃるかもしれない。「父と私は一つである。[*69] けれども、私は一人きりの卑しい人間で、貧しく、見捨てられ、人間の暴力の手に引き渡されてしまっている——私に躓かない者は幸いである。私、この卑しい人間が、耳の聞こえない人を聞かせ、目の見えない人を見させ、足の不自由な人を歩かせ、重い皮膚病を患っている人を清め、死者を立ち上がらせるのだ——私に躓かない者は幸いである」。

だから、最高度の責任を負って、このように言わせてもらおう。「私に躓かない者は幸いである」というこの言葉は、主の晩餐の制定の言葉[*70]と同じような意味で、というわけではないが、「だれでも自分をよく確かめなさい」という言葉[*71]と同じように、キリストについての報知の一部なのである。これはキリストご自身の言葉[*72]であり、とくにこのキリスト教界では、何度も何度も一人一人の胸に刻み込み、一人一人に向けて繰り返し説くようにしなければならない。これらの言葉が響き渡っていないところはどこであれ[(1)]、あるいは、キリスト教的なものを描き出すのにこの思想を貫徹させないような場合はいつであれ、そのキリスト教は冒瀆なのである。なぜか。キリストは彼のために道を整えるような護衛も従者もお持ちにならなかった。やってくる者がいったい誰なのか、人々の注意を向けさせるような護衛も従者もなしに、キリストは卑しい僕のお姿で、この地を歩まれたのだった。けれども、躓きの可能性（ああ、これこそが、彼にとって、その愛がもたらす悲しみだったのだ！）が、彼の周りを守っていたし、今も守っているのであって、彼と、彼のもっとも近くにいた者、彼のもっとも近くに立っていた者とのあいだに深淵を設けているのである。[*73] これが、その理由なのだ。

（1）今では、キリスト教界のおよそどこに行こうと、そうなってしまっている。つまり、キリスト教界は、キリストご自身が、躓くことがないようにと何度も繰り返して、あんなにも心を込めて戒められた[*74]ことを、まったく無視してしまっているようなのである。キリストご自身、その生涯の最後に及んでもなお、はじめから彼につき従い、彼のために一切を投げ出した忠実な使徒たちに対してさえ、そう戒められたのに。あるいは、キリスト教界は、別に躓きの可能性などに気づかなくても、われわれがキリストへの信仰を持つことができるのは、幾千幾万人の経験が保証してくれていることなのだから、そんな戒めは言ってみればキリスト様の取り越し苦労だと暗に考えているのかもしれない。だが、これが誤りであるということ、それはおそらく躓きの可能性がキリスト教界を裁く日に明らかになるだろう。

つまり、躓かない者というのは、信仰しつつ崇拝しているのである。そう、崇拝するということ、それは信仰の表現だが、それはまた、キリストと彼の近くにいる者とのあいだには質の無限な深淵が設けられているということの表現なのだ。つまり、信仰においても、躓きの可能性が弁証法的な契機ということだ。(1)

（1）　観察者にとって小さな課題がここにある。説教を唱えたり書いたりしているわが国や外国の多くの牧師たちがみな、信仰しているキリスト者だと仮に想定してみよう。すると、とくにわれわれの時代にふさわしいはずの次のような祈りを、われわれが耳にしたり目にしたりすることがまったくないという事実は、いったいどのようにして説明されることになるのだろうか。「天におられる神よ。あなたは私たち人間に、キリスト教を概念的に把握するように求められることはされませんでした。このことについて、私は感謝いたします。といいますのも、もしあなたがそれを求められていたら、私はすべての人の中でもっとも惨めな者*75だっただろうからです。キリスト教を概念的に把握しようと頑張れば頑張るほど、キリスト教を概念的に把握することなどできないと私にはますます思われてきて、私はますます躓きの可能性を発見するばかりなのです。だから、あなたが信仰だけを求められていることに、私は感謝申し上げますし、あなたが私の信仰をさらに増してくださるように私はお願い申し上げるのです*76」。このような祈りは、正統派から見ても、まったく適切なものだろう。それに、祈りを捧げる者の中でこの祈りが真実であるとき、この祈りは思弁全体*77に対する適切なアイロニーでもあるだろう。だが、はたしてこうした信仰が地上に見出されるだろうか！

さて、われわれが目下問題にしている種類の躓きは、「積極的なもの〔modo ponendo〕」である。この躓きは、キリスト教を虚偽であり嘘であると明言し、それによってキリストについても同じことを明言する。

この種の躓きを解明するためには、躓きのさまざまな形態を通覧してみるのが最善だろう。躓きとは原理的に逆説（キリスト）に関わるものであり、だからキリスト教的なもののあらゆる規定（それらはどれもキリストに関わり、キリストを「念頭に〔in mente〕」置いている）にも姿を現す。

躓きのもっとも低い形態、人間的に言えばもっとも無邪気な形態とは、キリストに関する一切を未決定のままにしておくことである。「私はキリストについて何も判断を下そうとは思わない。私は信仰してはいないけれど、何かについて判断を下しているわけではない」というふうに判断することである。これが躓きの一つの形態であることを、ほとんどの人は見逃してしまう。何が問題なのかといえば、「おまえはするべきだ」という、このキリスト教的なものを人々はすっかり忘れてしまっている、ということだ。だから、キリストに無関心であることが躓きなのだということに、人々は気がつかないのである。キリスト教がきみにまで伝えられたということは、きみはキリストについて何らかの見解を持つべきだということを意味している。キリストという方が、あるいはキリストが現におられるということが、またキリストが現におられたということが、この世を生きる者すべてに決断を求めるのである。ひとたびキリストがきみの知るところとなったら、「私はキリストについてどんな見解も持とうと思わない」と言うことは躓きなのだ。

けれども、キリスト教が通り一遍に教えられてしまっているこのような時代にあっては、今述べたことは、いくらか割り引いて理解されなくてはならない。キリスト教のことは教えられたが、この「するべき」については何一つ聞いたことがないという人が、幾千人もいるに違いないのである。他方、「するべき」について聞いたことがあるという人が、「私はそのことについてどんな見解も持とうと思わない」と言うなら、彼は躓いているのである。つまり、その人は、何らかの見解を持つべきことを人間に要求する権利をキリストが有されているということ、キリストの神性を否定しているのである。そのような人が「キリストについて、然りも否も私は一言も発していないのだよ」と言ったところで、無駄なことだ。彼にこう尋ねてみればいい。「キリストについてきみが何らかの見解を持つべきかどうかということ、このことについても、きみは何の見解も持たないというのかい？」彼の答えが「持っている」なら、彼は自縄自縛に陥るだろう。彼の答えが「持っていない」なら、キリスト教は彼にさらに迫り、彼はそのことについて、それゆえキリストについても見解を持つべきであること、キリストの生を珍奇なもののように傍観するような非礼は誰一人するべきではないことを彼に申しつけるのである。神が生を享けられ、人になられるとき、それは気ままな思いつきなどではない。それは、ちょっと何かをやってみようと神が考えつかれたようなことではない。神であることからくる退屈さ——そんなふうに厚かましくも言う輩[*78]がいたものだ——を終わらせようとして、神が考えつかれたようなことではない。ちょっと冒険でも、という思いつきなどではないのだ。神が生を享けられ、人になられること、この事実は、この世を生きるわれわれにとって真剣きわまりないことなのだ。そして、一人一人がこのことについて見解を持つべきであるということは、この真剣さの中にある真剣さなのだ。国王が地方の町を訪問するとき、正当な理由もないのに役人が随行するのを怠るなら、国王はそれを侮辱と見なすだろう。それでは、もし役人が、王が町にいるという事実そのものを無視してしまって、私人のようにふるまい、「国王様だなんてくだらん。王法がどうしたというのだ」などとうそぶくとしたら、いったい国王はなんと思うだろうか？　人間になるということを神が思し召すときに、人間が「そうだねえ。そのことについて私はどんな見解も持とうとは思わないよ」などと言う気になるのだとすれば、その国王と役人の場合と同じようなことなのではないか（役人の国王に対する関係が、一人一人の人間の神に対する関係になっている）。このように、自分たちが基本的に無視していることについて、人々は傲慢に語るものだ。だから、人々は神のことを傲慢にも無視しているのである。

躓きの第二の形態は、消極的でありながらも受動的な苦しみを感じるというものである。この躓きは、キリストを無視してしまうことなどできないということ、キリストに関することを棚上げしておいて人生でせわしなく立ち振る舞うようなことはできないということを、よく心得ている。けれども、信仰することもできないのである。それで、いつまでも同じ一点を、逆説を見つめ続けるのである。その限りにおいて、この躓きはキリスト教に敬意を払っている。「あなたはキリストのことをどう思うか」[*79]という質問が本当にもっとも重大なものなのだと明言するのである。このように躓いている者は、まるで影のように生きている。彼は心の奥底でこの重大事とたえず向き合っているので、彼の生命はすり減らされてしまう。そのようにして、彼はキリスト教がどれだけの現実性を持つものであるかを表現しているわけである（不幸な愛の苦悩によって愛の現実性が表現されるのと同じだ）。

躓きの最後の形態は、われわれがここで問題にしているもので、積極的なものである。それは、キリスト教は虚偽であり嘘であると断言し、仮現説[*80]の立場からか、あるいは合理主義[*81]の立場からか、キリストを（キリストが現におられることを、そしてキリストがご自身の言葉どおりの方でいらっしゃることを）否認する。ということはつまり、キリストについて次のどちらかの考えを持つわけだ。一つは、キリストは単独の人間にはなりはせず、ただそう見えているだけだ、という考え。もう一つは、キリストは現実のものである必要のない詩だとか神話だとかになるという仕方（これは仮現説の立場だ）か、あるいは神的であることが求められないような現実になるという仕方（これは合理主義の立場だ）か、そのどちらかの仕方で単独の人間になるだけのことだ、という考えである。逆説としてのキリストをこのようにして否定することは、当然のことながら、罪や、罪の赦しといったキリスト教的なものの一切を否定するということでもある。

この形態の躓きは、聖霊に対する罪である。ユダヤ人はキリストのことを悪魔の力を借りて悪魔を追い払う者だと言ったが、それと同じように、この躓きはキリストのことを悪魔のつくり出したものだとするのである。

この躓きはもっとも度の強まった罪であるが、このことは往々にして見落とされてしまっている。それは、キリスト教的に罪と信仰を対立させるということがなされないからである。

翻って、この対立は本書全体において堅持されてきた。第一編AのAにおいてすでに、絶望が根こそぎにされた状態を表す公式を次のようにまとめたのだった――自己が、自己自身に関係するとき、そして自己自身であろうとするとき、自己を措定した力に透明に基礎を置いている。たびたび注意を喚起してきたように、この公式はまた信仰の定義でもあるのだ。

訳注

＊1　「また、〔あなたがたは〕そのころは、キリストとかかわりなく、イスラエルの民に属さず、約束を含む契約と関係なく、この世の中で希望を持たず、神を知らずに生きていました」（「エフェソの信徒への手紙」二・一二）。

＊2　ペラギウス（Pelagius）（三五四―四一八年ころ）は、イギリス出身の神学者・修道士。ペラギウス主義者たちは、原罪を否定し、自由意志による救いを主張した。彼らの主張は、人間は独力では救われず、神の恩寵に依存する、と考えるアウグスティヌスらに批判され、異端とされるに至った。

＊3　例えば、「ローマの信徒への手紙」一四・二三に、次のような言葉がある。「疑いながら食べる人は、確信に基づいて行動していないので、罪に定められます。確信に基づいていないことは、すべて罪なのです」。

＊4　「ガラテヤの信徒への手紙」五・二一参照。「ねたみ、泥酔、酒宴、その他このたぐいのものです。……このようなことを行う者は、神の国を受け継ぐことはできません」。

＊5　「異教徒の徳は輝かしい悪徳である」は、中世以来、頻繁に用いられてきた表現で、もともとはアウグスティヌスの考えとされる（『神の国』第一九巻第二五章参照）。

＊6　「マタイによる福音書」一二・二二―三二参照。おそらく、悪霊に取りつかれた人をイエスがいやすのを見て、パリサイ派の人々が言った言葉「悪霊の頭《かしら》ベルゼブルの力によらなければ、この者は悪霊を追い出せはしない」（一二・二四）が念頭に置かれている。

*7　ヘレニズム期の古代ユダヤ教においてもっとも影響力を持った運動に携わった人々。モーセの律法の厳格な（ときに形式主義的な）順守を強調した。

*8　［邦訳者注］邦訳聖書（新共同訳）では、「確信に基づいていないことは、すべて罪なのです」となっている。

*9　「コリントの信徒への手紙一」一・二二―二四に、次のような言葉がある。「ユダヤ人はしるしを求め、ギリシア人は知恵を探しますが、わたしたちは、十字架につけられたキリストを宣べ伝えています。すなわち、ユダヤ人にはつまずかせるもの、異邦人には愚かなものですが、ユダヤ人であろうがギリシア人であろうが、召された者には、神の力、神の知恵であるキリストを宣べ伝えているのです」。

*10　「ルカによる福音書」二二・四七―四八参照。「イエスがまだ話しておられると、群衆が現れ、十二人の一人でユダという者が先頭に立って、イエスに接吻をしようと近づいた。イエスは、『ユダ、あなたは接吻で人の子を裏切るのか』と言われた」。

*11　ソクラテスは、「徳は知である」と考えた。真なる認識を有する者であれば、情熱ゆえに、その認識を放置することなどできないはずで、だから、悪いことを選んで行う者は、それによってじつは自分の無知を表現しているのだ、と（プラトン『プロタゴラス』三五一E―三五七E参照）。キェルケゴールは、ここで、このソクラテスの考えを「罪とは無知のことである」と解釈しているわけである。

*12　「さらに先へ進む」は、「デカルト的懐疑より先へ進む」という意味で、ヘーゲル主義者によってしばしば用いられた表現。のちに、「あらゆる哲学者（ヘーゲルも含む）より先へ進む」という、いっそう広範な意味で用いられるようになった。

*13　プラトンの対話篇において、ソクラテスはしばしば自分が無知であることを訴える。ソクラテスの説明によれば、自分には知恵があると信じている他の多くの人たちとちがい、彼は自分には知恵などないことを知っていて、だからデルポイの神託はソクラテスより知恵のある者はいないと告げたのである（プラ

トン『ソクラテスの弁明』二一A―二三B)。
＊14　前注＊11参照。
＊15　「命法」とは、命令あるいは規範のこと。「定言命法」は、ドイツの哲学者カント(Immanuel Kant)(一七二四―一八〇四年)が用いた術語で、あらゆる状況下で無条件に妥当する命令のこと。特定の状況下でのみ妥当する「仮言命法」と対照をなす。「知的な」と言われているのは、ソクラテス＝ギリシア的定言命法が、実現されるべき正しいことについての理解だからである。
＊16　ソクラテスのいわゆる産婆術が念頭に置かれている。ソクラテスは、人々との対話において、自分では知を生み出さず、むしろ相手が知を生み出す手助けをした(プラトン『テアイテトス』一五〇B―一五一C参照)。
＊17　ソクラテスを指す。
＊18　おそらく「創世記」三・一九の言葉「お前は顔に汗を流してパンを得る」を念頭に置いた表現。
＊19　「キリストは、神の身分でありながら、神と等しい者であることに固執しようとは思わず、かえって自分を無にして、僕《しもべ》の身分になり、人間と同じ者になられました。人間の姿で現れ、へりくだって、死に至るまで、それも十字架の死に至るまで従順でした」(「フィリピの信徒への手紙」二・六―八)。
＊20　「イエスは、十二人を呼び寄せて言われた。『今、わたしたちはエルサレムへ上って行く。人の子について預言者が書いたことはみな実現する。人の子は異邦人に引き渡されて、侮辱され、乱暴な仕打ちを受け、唾をかけられる』」(「ルカによる福音書」一八・三一―三二)。
＊21　「マタイによる福音書」一七・三―四を念頭に置いた表現。「見ると、モーセとエリヤが現れ、イエスと語り合っていた。ペトロが口をはさんでイエスに言った。『主よ、わたしたちがここにいるのは、すばらしいことです。お望みでしたら、わたしがここに仮小屋を三つ建てましょう。一つはあなたのため、一つはモーセのため、もう一つはエリヤのためです』」。

＊22 ヘーゲル哲学の体系のこと。そこでは、あらゆるものが、知的領域における概念の展開を説明する、いわゆる思弁的方法によって配列される。

＊23 「イエスがそこからお出かけになると、二人の盲人が叫んで、『ダビデの子よ、わたしたちを憐れんでください』と言いながらついて来た。イエスが家に入ると、盲人たちがそばに寄って来たので、『わたしにできると信じるのか』と言われた。二人は、『はい、主よ』と言った。そこで、イエスが二人の目に触り、『あなたがたの信じているとおりになるように』と言われると、二人は目が見えるようになった」（「マタイによる福音書」九・二七―三〇）。

＊24 ヘーゲルとシェリング（Friedrich Wilhelm Joseph von Schelling）（一七七五―一八五四年）の思弁哲学にもとづく思弁神学のさまざまな立場の総称。神学と哲学のあいだには、また信仰と理性のあいだには肯定的な関係がある、という前提に立つ。思弁的教義学は、キリスト教の教義を体系化させるために、哲学的な方法を求めた。

＊25 ヘーゲル学派において「否定の否定」とは、概念の展開における根本的な弁証法的三段階運動（正－反－合）のこと、とくにその中の合（総合）の作用を意味する。

＊26 ［邦訳者注］この章では、原語“Negation”を、文脈に応じて「否定」、「消極的なもの」と訳し分けた。

＊27 ヘーゲルの思弁論理学においては、あるカテゴリーが別のカテゴリーに移り変わる場が「移行」と呼ばれる。

＊28 いずれについても、スピノザ『エチカ』第五部定理二九参照。

＊29 プラトン『ソクラテスの弁明』二八E―二九A参照。「もしもわたしが……いま神の命によって――とわたしは信じ、また解したわけなのですが――わたし自身も、他の人も、だれでも、よくしらべて、知を愛し求めながら生きてゆかなければならないことになっているのに、その場において、死を恐れると

か、なにか他のものを恐れるとかして、命ぜられた持ち場を放棄するとしたなら、それこそわたしは、とんでもない間違いをおかしたことになるでしょう。そしてそのときこそ、神々の存在を認めない者であるとしてわたしを裁判所へひっぱり出すのが、ほんとうに正しいことになるでしょう。神託の意にしたがわず、死を恐れ、知恵がないのに知恵があると思っているのですからね」(『ソクラテスの弁明』田中美知太郎訳、田中美知太郎責任編集『プラトン』(「世界の名著」6)、中央公論社、一九七八年、四三三頁)。

＊30 「主を畏れることは知恵の初め。／これを行う人はすぐれた思慮を得る。／主の賛美は永遠に続く」(「詩編」一一一・一〇)。

＊31 「わたしたち(天にいるアブラハムたち)とお前たちの間には大きな淵があって、ここからお前たちの方へ渡ろうとしてもできないし、そこからわたしたちの方に越えて来ることもできない」(「ルカによる福音書」一六・二六)。

＊32 前注＊13参照。

＊33 ヘーゲルの思弁的体系のこと。

＊34 おそらく「ミカ書」七・一九を念頭に置いた表現。「主は再び我らを憐れみ／我らの咎《とが》を抑え／すべての罪を海の深みに投げ込まれる」。

＊35 「しかし、聖書はすべてのものを罪の支配下に閉じ込めたのです。それは、神の約束が、イエス・キリストの信仰によって、信じる人々に与えられるようになるためでした」(「ガラテヤの信徒への手紙」三・二二)。

＊36 「ヨハネの黙示録」三・一四―一六参照。「アーメンである方、誠実で真実な証人、神に創造された万物の源である方が、次のように言われる。『わたしはあなたの行いを知っている。あなたは、冷たくもなく熱くもない。むしろ、冷たいか熱いか、どちらかであってほしい。熱くも冷たくもなく、なまぬるいので、わたしはあなたを口から吐き出そうとしている』」。

＊37　キェルケゴールの時代には、「天職（Kald）」という語が「公職」（とくに公務員としての牧師職）を指して使われることがあった。

＊38　「狭い門から入りなさい。滅びに通じる門は広く、その道も広々として、そこから入る者が多い。しかし、命に通じる門はなんと狭く、その道も細いことか。それを見いだす者は少ない」（「マタイによる福音書」七・一三―一四）。

＊39　正確には、「罪を犯すのは人間的、罪にとどまるのは悪魔的、だが罪から立ち上がるのはキリスト教的」（Edvard Mau, *Dansk Ordsprogs-Skat*, bd. 2, Kjøbenhavn: G. E. C. Gad, 1879, s. 392）。

＊40　シェイクスピアの戯曲『マクベス』の一節。キェルケゴールはドイツ語訳（*Shakespeare's dramatische Werke*, übersetzt von August Wilhelm von Schlegel und Ludwig Tieck, Bd. 12, Berlin: G. Reimer, 1840, S. 314）から引用している。

＊41　*Goethe's Werke*, vollständige Ausgabe letzter Hand, Bd. 12, Stuttgart und Tübingen: J. G. Cotta, 1828, S. 176.

＊42　キェルケゴールはドイツ語訳（*Shakespeare's dramatische Werke*, Bd. 12, op. cit., S. 301）から引用している。英語の原典では、第二幕第三場である

＊43　例えば、ドイツの神秘思想家トマス・ア・ケンピス（Thomas a Kempis）（一三八〇ころ―一四七一年）の『キリストにならいて』第一巻第一三章「誘惑に打ち克つことについて」参照。

＊44　例えば「マタイによる福音書」には次のような話がある。「イエスは船に乗って湖を渡り、自分の町に帰って来られた。すると、人々が中風《ちゅうぶ》の人を床に寝かせたまま、イエスのところへ連れて来た。イエスはその人たちの信仰を見て、中風の人に、『子よ、元気を出しなさい。あなたの罪は赦される』と言われた。ところが、律法学者の中に、『この男は神を冒瀆している』と思う者がいた。イエスは、彼らの考えを見抜いて言われた。『なぜ、心の中で悪いことを考えているのか。「あなたの罪は赦される」と言うの

と、「起きて歩け」と言うのと、どちらが易しいか。人の子が地上で罪を赦す権威を持っていることを知らせよう』。そして、中風の人に、『起き上がって床を担ぎ、家に帰りなさい』と言われた。その人は起き上がり、家に帰って行った。群衆はこれを見て恐ろしくなり、人間にこれほどの権威をゆだねられた神を賛美した」(九・一―八)。

＊45　「神‐人についての教え」とは、キリストの二つの本性についての教義（キリストは、神が自らを啓示した人間として、神性と人間性を一身に担った存在である、という教義）のこと。

＊46　「神は無秩序の神ではなく、平和の神だからです」(「コリントの信徒への手紙一」一四・三三)。

＊47　『ニコマコス倫理学』第一巻第五章で、アリストテレスは人間のさまざまな生活形態を分類し、次のように述べている。「世上一般の最も低俗なひとびとの解する善とか幸福とかは……快楽《ヘードネー》にほかならないように思われる。……世人は……畜獣の営む生活を選択するものというべく、彼らはそれによって、自らが全く奴隷的な人間たることを露呈している」(『ニコマコス倫理学』上、高田三郎訳、岩波文庫、一九七一年、二二頁)。

＊48　神‐人を全人類とする思弁的（ヘーゲル的）教えが念頭に置かれている。この教えは、とりわけドイツの哲学者・神学者シュトラウス（David Friedrich Strauß）（一八〇八―七四年）の *Das Leben Jesu*（『イエスの生涯』）に見出される。

＊49　一八三〇年のフランス七月革命の余波が及び、デンマークでは一八四八年三月に絶対王政が崩壊して、翌年には立憲君主制に移行した。キェルケゴールはこのあたりの政治状況を念頭に置いているものと思われる。

＊50　一八四八年一月に王位に就いたフレデリク七世は、三月二一日、国民からの要求に押されて自由主義的な憲法の制定を約束し、絶対君主の座を降りた。自由主義的な憲法は、一八四九年六月五日に公布された。

＊51　「コリントの信徒への手紙二」一一・九参照。「目が見もせず、耳が聞きもせず、人の心に思い浮かびもしなかったことを、神は御自分を愛する者たちに準備された」。
＊52　「神は言われた。『我々にかたどり、我々に似せて、人を造ろう』」（「創世記」一・二六）。
＊53　「二羽の雀が一アサリオンで売られているではないか。だが、その一羽さえ、あなたがたの父のお許しがなければ、地に落ちることはない」（「マタイによる福音書」一〇・二九）。
＊54　おそらく、キェルケゴールが一八四五年に刊行した『想定された機会における三つの講話』の「埋葬の機に」の一節（『想定された機会における三つの講話』豊福淳一訳、『キルケゴールの講話・遺稿集』第四巻、新地書房、一九八三年、三八九頁）が念頭に置かれている。
＊55　「だから、わたしの愛する人たち、いつも従順であったように、わたしが共にいるときだけでなく、いない今はなおさら従順でいて、恐れおののきつつ自分の救いを達成するように努めなさい」（「フィリピの信徒への手紙」二・一二）。
＊56　直訳すれば「卓越の道」。
＊57　「ルカによる福音書」一六・二六（前注＊31）参照。
＊58　プラトン『ソクラテスの弁明』二七Bが念頭に置かれている。「どうだね？　馬は認めないけれども馬に交渉のあることがらは認めるというような者があるだろうか。また、笛吹きの存在は認めないけれども、笛吹きに交渉のあることがらは認めるというような者があるだろうか」（前掲『ソクラテスの弁明』田中美知太郎訳、四三〇頁）。
＊59　「フィリピの信徒への手紙」二・一二（前注＊55）参照。
＊60　おそらく「ルカによる福音書」二四・一一が念頭に置かれている。婦人たちがキリストの復活の出来事について話をするのを聞き、使徒たちは「この話がたわ言のように思われたので、婦人たちを信じなかった」。

＊61 「だから、言っておく。人が犯す罪や冒瀆は、どんなものでも赦されるが、〝霊〟に対する冒瀆は赦されない。人の子に言い逆らう者は赦される。しかし、聖霊に言い逆らう者は、この世でも後の世でも赦されることがない」(『マタイによる福音書』一二・三一―三二)。

＊62 シェイクスピアの史劇『ヘンリー四世』で、放蕩者の王子ハル(のちのヘンリー五世)は、好色で大酒のみのフォルスタッフを仲間にしていた。

＊63 「フィリピの信徒への手紙」二・六―八(前注＊19)参照。

＊64 「疲れた者、重荷を負う者は、だれでもわたしのもとに来なさい。休ませてあげよう。わたしは柔和で謙遜な者だから、わたしの軛《くびき》を負い、わたしに学びなさい。そうすれば、あなたがたは安らぎを得られる。わたしの軛は負いやすく、わたしの荷は軽いからである」(『マタイによる福音書』一一・二八―三〇)。

＊65 古代ギリシアの著述家プルタルコス(Ploutarchos)(四六ころ―一二〇年ころ)のこと。以下の言葉は、彼の *De garrulitate*(『倫理論集』)第八章に見られる。

＊66 「神は、その独り子をお与えになったほどに、世を愛された。独り子を信じる者が一人も滅びないで、永遠の命を得るためである」(『ヨハネによる福音書』三・一六)。

＊67 「フィリピの信徒への手紙」二・六―八(前注＊19)参照。

＊68 この考え方は、聖書に多く見られる。例えば、「ローマの信徒への手紙」二・一一には「神は人を分け隔てなさいません」とある。

＊69 「わたしと父とは一つである」(『ヨハネによる福音書』一〇・三〇)。

＊70 「わたしがあなたがたに伝えたことは、わたし自身、主から受けたものです。すなわち、主イエスは、引き渡される夜、パンを取り、感謝の祈りをささげてそれを裂き、『これは、あなたがたのためのわたしの体である。わたしの記念としてこのように行いなさい』と言われました。また、食事の後で、杯も

同じようにして、『この杯は、わたしの血によって立てられる新しい契約である。飲む度に、わたしの記念としてこのように行いなさい』と言われました。だから、あなたがたは、このパンを食べこの杯を飲むごとに、主が来られるときまで、主の死を告げ知らせるのです」(「コリントの信徒への手紙一」一一・二三―二六)。

＊71「従って、ふさわしくないままで主のパンを食べたり、その杯を飲んだりする者は、主の体と血に対して罪を犯すことになります。だれでも、自分をよく確かめたうえで、そのパンを食べ、その杯から飲むべきです」(「コリントの信徒への手紙一」一一・二七―二八)。

＊72「マタイによる福音書」一一・六参照。

＊73「ルカによる福音書」一六・二六(前注＊31)参照。

＊74「マタイによる福音書」一一・六参照。同書、二六・三一には「そのとき、イエスは弟子たちに言われた。『今夜、あなたがたは皆わたしにつまずく』」とある。他にも、「ヨハネによる福音書」には、「あなたがたはこのことにつまずくのか」(六・六一)というキリストの言葉が記されている。

＊75「この世の生活でキリストに望みをかけているだけだとすれば、わたしたちはすべての人の中で最も惨めな者です」(「コリントの信徒への手紙一」一五・一九)。

＊76 おそらく「ルカによる福音書」一七・五―六が念頭に置かれている。「使徒たちが、『わたしどもの信仰を増してください』と言ったとき、主は言われた。『もしあなたがたにからし種一粒ほどの信仰があれば、この桑の木に、「抜け出して海に根を下ろせ」と言っても、言うことを聞くであろう』」。

＊77「ルカによる福音書」の一節を念頭に置いた表現。「まして神は、昼も夜も叫び求めている選ばれた人たちのために裁きを行わずに、彼らをいつまでもほうっておかれることがあろうか。言っておくが、神は速やかに裁いてくださる。しかし、人の子が来るとき、果たして地上に信仰を見いだすだろうか」(一八・七―八)。

＊78　ドイツの詩人・批評家ハイネ（Heinrich Heine）（一七九七―一八五六年）を指す。彼の詩集*Buch der Lieder*（『歌の本』）の中の「帰郷」という詩が念頭に置かれていると考えられる。

＊79　おそらく「マタイによる福音書」二二・四一―四二が念頭に置かれている。「ファリサイ派の人々が集まっていたとき、イエスはお尋ねになった。『あなたたちはメシアのことをどう思うか。だれの子だろうか』」。

＊80　「仮現説」は、キリスト論における異端の一つ。物質は悪であるという認識にもとづいて、キリストは現実の人間的な肉体を持たず、見せかけとしての肉体を持つにすぎないと考える。

＊81　ここで言う「合理主義」は、とくに一八世紀に提唱された哲学・神学上の考え方のこと。あらゆる宗教的な言明は合理的に正当化される必要があると主張し、人間の理性によって捉えられないような信念はすべて拒否する。それゆえ、合理主義はイエスが神であることを否定し、イエスとは偉大な人間だと見なす。

訳者解説

『死に至る病』は、デンマークの宗教哲学者セーレン・キェルケゴール（Søren Aabye Kierkegaard）（一八一三―五五年）の著作である。一八四八年一月から五月にかけて執筆され、翌年七月に出版された(1)。

「死に至る病とは絶望のことである」――キェルケゴールの言葉は、どこか魅惑的で、われわれを惹きつけてやまない。だが、それと隣り合わせのこととして、彼の言葉は誤解の危険性を避けがたく孕んでいる。われわれは「死に至る病」、「絶望」といった言葉の響きに魅せられて、この本を手に取り、感傷的に読み進め、なんとなく共感して分かったつもりになって、そのまま本を閉じてしまいがちなのである。けれども、キェルケゴールの著作は、『死に至る病』とは、読者を感傷的な気分に浸らせるために書かれたものではない。キェルケゴールは、むしろ読者――あなたのことだ――の生き方を変えるために、あなたの救いのために、この本を執筆し、世に送り出したのだ。

『死に至る病』をしっかりと理解するためには、だからどうしても、キェルケゴールがこの本を執筆し、世に送り出した、その意図について、まず正確に把握する必要がある。以下では、この点から解説を始めよう。その上で、キェルケゴールがその意図の実現のために『死に至る病』をどのように構成したのかを確認し、それを案内図として本書の内容を解説したい。最後に、キェルケゴールその人と『死に至る病』の関係について、いくつか付言することにしよう。

一　キェルケゴールと『死に至る病』——執筆と刊行の意図

キェルケゴールはどんな意図を持って『死に至る病』を執筆し、世に送り出したのだろう。右でそのおおよそのところには触れたが、ここではより正確なところを浮かび上がらせたい。まず、キェルケゴールにとってそもそも著作とはどのような媒体であったのかを明確にするところから始めよう。その上で、彼が『死に至る病』という著作については、それを通じて何を行おうとしたのかを明らかにしよう。

キェルケゴールにとって著作とは何か

改めて言うまでもなく、『死に至る病』はキェルケゴールの著作である。キェルケゴールにとって著作とは、じつは、ふつうの哲学者にとってのそれとは異なる、独特な位置づけを持った媒体なのである。ふつうの哲学者の場合、基本的には、自分の考えたことの表現のための場が著作であろう。だが、キェルケゴールの場合、彼の著作にはもちろん彼自身が考えたことが書かれてはいるのだが、それは彼自身が考えたことの表現のための場ではなかったのである。以下、このあたりの事情を説明し、キェルケゴールにとって著作とは何であったのかを明確にしよう。

キェルケゴールにとって終生最重要であり続けた問題、それはキリスト教の信仰をめぐる問題だった。急いで言い足さなくてはならない。彼が追い求めたのは、キリスト教に関する客観的な真理ではなかった。彼を実存主義という思想潮流の源に位置づけることで有名な「ギレライエの手記」――二二歳の若きキェルケゴールが旅先のコペンハーゲン北方の港町ギレライエで書き残したとされる日記――の言葉がある。

> ……重要なのは、私にとって真理であるような真理を見つけること、そのために私が生き、そして死ぬことを望むような理念を見つけることだ。いわゆる客観的真理なんてものを見つけ出すとして、……そんなものが私にとっていったい何の役に立つというのだろう。[2]

キェルケゴールは、キリスト教に関する客観的な真理を求めて考察し続けたのではないのだ。そうではなく、彼はキリスト教の信仰をめぐる主体的な真理を探求し続けたのである。罪深いこの私はどのようにすれば救われるのか、この私に向けられている神の意志とはいったいどのようなものか、そして、この私はどのように生きればそれを体現していることになるのか――このような問題に、彼は終生向き合ったのである。

このことは、キェルケゴールという人を理解するにあたって、きわめて重要であるにもかかわらず、じつに看過されやすいポイントである。つまり、このような実存主義者キェルケゴールが著作活動にも携わったのだと捉えるべきなのである。彼は自分自身の信仰のあり方をめぐる主体的な思索や苦闘の中をたえず生きていて、その上で自分の能力（あふれるほどの創造力）[3]や境遇（父が資産家だったのでお金のために働く必要がなかったことなど）[4]に鑑みて、著作家として活動したのである。キェルケゴールは、いわば「信仰者キェルケゴール」として生き、その上で「著作家キェルケゴール」としても生きた、ということだ。

ところで、キェルケゴールが書き残したものは、著作と日記に大別される。キェルケゴールが書き残したものをできるかぎり余すところなく収録することを目指した最新版の原典全集[5]（*SKS*）計二八巻（計一万一五八五頁）のうち、計一六巻（計六〇五三頁）が著作であり、計九巻（計三八六五頁）が日記である。[6]

キェルケゴールは、自らの信仰のあり方をめぐる思索と苦闘を日記に記録した。日記とは、信仰者キェルケゴールの思索と苦闘の表現のための場だったのである。日記には、もちろん他にもさまざまな内容――著作のアイデアや、時事問題についての雑感など――が書きつけられているが、彼の信仰をめぐる実存的な思索と苦闘は、日記をその表現のための場としたということである。付言すると、キェルケゴールの日記には後世の読者の目を意識したさまざまな脚色が施されており、その内容すべてを純然たる事実の記録と見ることはできなているのだが、それでも日記には、自らの生き方に思い悩む等身大のキェルケゴールが姿を現していると見て間違いない。

そして、信仰者キェルケゴールが著作家として読者の方を向いたところに生み出されたのが、著作だったのである。とはいえ、この点はもう少し正確に捉える必要がある。つまり、信仰者キェルケゴールは、いったい何を意図して、著作家として読者の方を向いたのか、ということだ。ふつうの哲学者――何らかのテーマについて客観的な真理を考察する者――にとって、著作とは、そのテーマについての思索の表現のための場であろう。だが、信仰者キェルケゴールは、自分自身の救いのためにこそ思索と苦闘を行ったのであり、彼にとっては、キリスト教についての客観的な真理の考察など、どうでもいいことだったはずだ。そして、そうした実存的な思索と苦闘は、日記の方をその表現のための媒体としている。そうしてみると、はたしてキェルケゴールにとって著作とはいったいどのような媒体だったのか、よく分からなくなってくるだろう。

キェルケゴールからすれば、およそキリスト教に関わる者にとって最重要なのは、一人一人の人間が、それぞれの具体的な生の現場で、ただ一人「単独者」として神と向き合うことである。そのときにはじめて、そしてそのときにのみ、人間は自分に向けられているはずの神の意志を求めて耳を澄まそうとするし、そこに神の意志に忠実な生、すなわち信仰が形をとりうるのであって、罪意識という苦しみからの救いが実現しうるのだ。だから、著作家キェルケゴールがなすべきこと、彼がなしうる最大かつ最善のことは、一人一人の読者を単独者としてたえず神と向き合って生きるように導くことなのである。神学やら哲学やらの客観的な真理に関する考察の成果を提示するようなことは（少なくとも彼にとっては）意味のないことだし、また自分自身の信仰のあり方をめぐる思索と苦闘をこれ見よがしに読者に披瀝しても仕方ないだろう。むしろ、信仰のあり方をめぐってたえず思索と苦闘を重ねて生きるように読者を導くこと――これこそがキェルケゴールにとっての著作という媒体のアイデンティティなのである。

まとめておこう。キェルケゴールにとって著作とはいったい何だったのか。それは、端的に言えば、読者をキリスト教の信仰へ導くことを目的とした媒体だったのである。もちろん、信仰者キェルケゴールが著作家の姿をまとって読者の前に現れる以上、彼自身の信仰のあり方をめぐる実存的な思索と苦闘が著作の方にも顔をのぞかせることは多々ある。ポイントは、彼の著作は、そうした思索と苦闘の表現を目的とした場ではないということ、あくまで読者をキリスト教の信仰へ導くことを目的とした媒体だということである。

著作家キェルケゴールにとっての『死に至る病』

右で確認してきたように、キェルケゴールは、読者一人一人をキリスト教の信仰へ導くという目的の下、著作を執筆したのだった。では、本書『死に至る病』という著作で、彼はどのような仕方でその目的を達成しようとしているのだろう。

キェルケゴールの著作活動は、読者をキリスト教の信仰へ導くという目的を達成するための戦略の違いという観点から、『死に至る病』より前とそれ以降という形で、前期・後期に二分することができる。『あれか、これか』（一八四一年一〇月から四二年一一月に執筆）から『危機および一女優の生涯における一つの危機』（一八四七年一月から二月に執筆）までが前期、『死に至る病』（一八四八年一月から五月に執筆）から最晩年の『瞬間』（一八五五年三月から九月に執筆）までが後期である。以下では、まず前期著作活動における彼の戦略を概観しよう。その後、『死に至る病』に始まる後期著作活動の戦略を概観し、そして、その後期の戦略の中で『死に至る病』が担っている役割を明確にすることで、キェルケゴールが『死に至る病』という著作を通じてどのような仕方で読者をキリスト教の信仰へ向かわせようとしているのかを明らかにしよう。

前期著作活動とその戦略

キェルケゴールは、前期著作活動において、読者をキリスト教の信仰へ導くという目的の達成のために一計を案じ、美的著作を織り交ぜるという策を施した。キェルケゴールの目には、彼と同時代のデンマークを生きる人たちのほとんどは、ごく皮相的にしかキリスト教と関わっていないと映っていた。キリスト教の説く世界観・人間観を真剣に受け止め、その世界観・人間観が示し出す正しい生き方（信仰）を体現しようと日々尽力する人など、ほとんどいない。人々は、せいぜいのところ、日曜日に教会に行って牧師の説く話に耳を傾ける程度である。このような人々を前に、やれ「罪を自覚せよ」とか「信仰を持て」とぶっきらぼうに戒告したところで、馬耳東風であることは間違いない。それで、キェルケゴールは、まず、こうした人々が著作家キェルケゴールに興味を持つように仕向けたのである。誰にとっても関心のあることといえば、例えば恋愛の話だ。『あれか、これか』などの美的著作で、キェルケゴールは、そうした美的な話を趣向をこらして描き出す。そして、著作家キェルケゴールに興味を持つようになった人々に向けて、今度は『愛のわざ』などの宗教的著作(聖書を題材とした説教集のようなもの)を差し出すのである。人々からしてみれば、あれだけ面白い話を書いた人の作品なのだから、こちらの方もちょっと読んでみようか、となるだろう。キェルケゴールは、そのようにして人々を彼の宗教的著作に誘導することで、人々がキリスト教と真剣に向き合うためのきっかけを作ろうとしたのである。キェルケゴールが前期に生み出した著作には、こうした枠組みには収まりきらないものも多々あるが、キェルケゴールが前期著作活動において、そのような美的著作と宗教的著作の二重性による間接的伝達という戦略によって、読者をキリスト教の信仰へ導くという目的を達成しようとしたことは間違いない。

ここで一つ付言しておくと、キェルケゴールは、前期後期を問わず著作活動の全体を通じて、ある著作が、自分自身が責任を持つことができる内容の場合には、その著者に本名(セーレン・キェルケゴール)を充て、そうでない場合には仮名を充てた。例えば、美的著作『あれか、これか』は、たえず信仰のあり方を探求して生きているキェルケゴール自身が責任を持つことができる内容とはとても言えず、そこで著者(正確に言えば刊行者)には仮名

（ヴィクトル・エレミタ）が充てられた。宗教的著作『愛のわざ』の方は、逆に本名（S・キェルケゴール）が充てられている。このような仮名の使用は、キェルケゴールが著作活動において間接的伝達という戦略を採っていることを裏書きするものであり、さらに言えば、キェルケゴールという人の誠実さの現れでもある。なお、当時のデンマークといえば小国であり、首都コペンハーゲンに住む人の数、さらには定期的に読書をするようなインテリ層の人の数はごくかぎられており、だから彼がある著作に仮名の著者を充てたとしても、それがじつはキェルケゴールの著作であることは周知の事実だった。つまり、仮名を冠した著作に興味を持った人は、その本当の著者がじつはキェルケゴールであることをちゃんと分かっていて、だから本名を冠した著作にも手を伸ばすことができたのである。

後期著作活動とその戦略

一八四八年以降、キェルケゴールは、読者をキリスト教の信仰へ導くことを目的とした著作活動を、まったく別の戦略で遂行するようになる。じつは、この変化の背景には、信仰者キェルケゴールがこの年に自らの信仰のあり方に関してある確信を得たことがあるのだが、この点についてはあとで触れよう。一八四八年以降、キェルケゴールは、美的著作と宗教的著作の二重性という戦略を捨て、著作に、もっぱら理想的キリスト者像を前面化して描き出すようになるのである。理想的キリスト者とは、聖書に描き出されているキリストの言動――「はっきり言っておく。わたしのためまた福音のために、家、兄弟、姉妹、母、父、子供、畑を捨てた者はだれでも、今この世で、迫害も受けるが、家、兄弟、姉妹、母、子供、畑も百倍受け、後の世では永遠の命を受ける」（「マルコによる福音書」一〇・二九—三〇）など——をまさにこの自分に向けられたものと認識して生きる者のことである。それはつまり、自分の時間的な生をキリスト教という真理のために犠牲にし、その真理のためには迫害や殉教をも厭わずに生きる者、いわば使徒的な生き方をする人間のことである。なぜキェルケゴールはこうした理想を前面化するようになったのだろう。先述のように、ときのデンマークでは、こうした理想が、つまりキリスト教の本来のあり方が、すっかり見失われてしまっていた（そのようにキェルケゴールの目には映っていた）。キリスト教界の中に安住し、皮相的にしかキリスト教と関わっていない人たちをキリスト教の信仰へ導くためには、理想を描き出すことが、理想との対比によって自分たちの現状を反省的に認識させることが、まず必要なのではないだろうか。自分たちが滞りなく日常生活を送ってゆくためのツールとして日頃何気なく接しているキリスト教は、本来的には、一人一人が、自分の救いのために、自分の生のすべてを賭けて関わるべきものである。自分たちはそのことをすっかり見失ってしまっていて、世俗的な生に埋没し、世俗的な価値観の中を脇目も振らずに生き続けてしまっている——人々がこのような理想に比しての至らなさの自覚を持つとき、はじめて人々の前に、キリスト教がリアリティをもって現れるのではないか。というのも、その至らなさこそがじつは罪に他ならず、そして罪の自覚こそが、キリスト教が差し出す罪の赦しという恩恵に正しい仕方で与《あずか》るための条件だからだ。

後期著作活動における『死に至る病』

キェルケゴールは、このように考えて、一八四八年以降の後期著作活動において、理想的キリスト者像の前面化という戦略を採用した。それでは、『死に至る病』は、こうした後期著作活動の戦略の中で、どのような役割を担っているのだろうか。

キェルケゴールは、一八四八年二月か三月ころ、「根本的に治療する思想、キリスト教的治癒」を主題とする大著の執筆計画を立てた。第一部で絶望・罪という死に至る病が人間の中のどこにどのように潜んでいるかが示され、第二部でその死に至る病に根本的な治療が施される、という構想である。(7) つまり、この大著で、著作家キェルケゴールは医者に扮し、まず、死に至る病――神の意志に忠実ではない生き方（絶望・罪）――を患いながらもそれと気づかずに生きている人々にその病の診断をつけ、自分が病人であることの自覚を促し、その上で、その治療――神の意志に忠実な生き方（信仰）への教導――を施そうとしたのである。キェルケゴールがこの大著を「完結全書」と名づけようとしていたことから察せられるように、この書は、彼の後期著作活動の中核となるはずのものだった。(8) 彼が第一部を書き上げたのは一八四八年五月、第二部を書き上げたのは一八四九年一月だった。だが、とくに第二部には、ときのデンマーク最大の宗教権力であるデンマーク国教会に対する痛烈な批判が含まれている――第二部は、死に至る病の治療のために先述の理想的キリスト者像を読者に突きつけるので、それを見失わせているデンマーク国教会への批判とどうしても表裏一体になる――ことから、キェルケゴールはその出版をためらった。その結果、キェルケゴールは国教会への批判が比較的少ない第一部の方を、一八四九年七月に『死に至る病』というタイトルで先行して出版したのである。第二部が出版されたのは、それから遅れること一年二ヵ月、一八五〇年九月のことだった。タイトルは『キリスト教の修練』となった。

なお、以上から分かるように、『死に至る病』と『キリスト教の修練』は、キェルケゴール自身には及びもつかないほど高次のキリスト者（医者）が読者を診断し治療する、という構想である。つまり、それらの内容は、キェルケゴール自身が責任を持つことができるものではない。それゆえ、キェルケゴールはやはりこれらの著作の著者に仮名を充てた。それが本書『死に至る病』の著者とされている「アンチ・クリマクス」である。ちなみに、キェルケゴールは前期著作活動の中で「ヨハンネス・クリマクス」という仮名を用いているが、こちらは彼自身より低次のキリスト者という位置づけだった。

ここまでの論述から、キェルケゴールがどんな意図を持って『死に至る病』を執筆し、世に送り出したのかが見えてきただろう。『死に至る病』とは、信仰者キェルケゴールが著作家として読者に向けて執筆した著作であり、キリスト教の信仰を求めて生きるように読者を導くことを目的としている。そして、『死に至る病』は、理想的キリスト者像の前面化という戦略を持つ後期著作活動の一端を担う書であり、著作家キェルケゴールが医者（理想的キリスト者）に扮し、いずれは信仰へ向けた治療を施すため、絶望・罪という死に至る病を患う病人であるという診断を読者に下そうとするのである。

二　『死に至る病』の内容

それでは、キェルケゴールは、『死に至る病』において、どのような仕方で、読者を絶望・罪という死に至る病を患う病人と診断するのだろうか。『死に至る病』の構成に、その段取りを読み取ることができる。

キェルケゴールは、第一編において、まず、(1)人間とはどのような存在なのかを普遍的・非キリスト教的視座から描き出し、また人間の特定のあり方が絶望（死に至る病）であることを指摘し（第一編AおよびB）、そして、(2)絶望（死に至る病）がさまざまな仕方で具現するさまを描き出す（第一編C）。その上で、第二編において、今度は、(3)キリスト教的視座から人間という存在を捉え直し（正確に言えば、第一編で描き出した人間のあり方は、じつはキリスト教の教えの一端に他ならないことを明らかにし）、またこの捉え直しに伴って絶望（心理学的概念）が罪（キリスト教的概念）に変質することを指摘し（第二編A）、そして、(4)罪がさまざまな仕方で具現するさまを描き出す（第二編B）。まとめておこう。

(1)人間論と絶望（死に至る病）論：第一編AおよびB
(2)絶望の諸形態：第一編C

(3)キリスト教的人間論と罪（死に至る病）論：第二編A
(4)罪の諸形態：第二編B

つまり、キェルケゴールは、普遍的に妥当する（と彼が考えていた）人間論にもとづいて、絶望とは何か、そして罪とは何かを規定し、そしてその絶望と罪のおよそ考えられうるかぎりの諸形態を描き出すことで、読者の一人一人がその絶望と罪の諸形態のどこかに自分自身の姿を見出すように仕組んだのである。これがキェルケゴール（医者）による絶望と罪の診断の方法である。

以下では、右記の構成を案内図に、『死に至る病』の内容の解説を行いたい。ただし、解説の対象は、(1)と(3)に絞る。(1)と(3)は『死に至る病』の論述全体のベースに置かれており、これらについての理解なしには『死に至る病』の中心的内容（絶望と罪の諸形態の叙述である(2)と(4)）についての十分な理解が困難になる重要な部分でありながら、われわれにはキェルケゴールの説明が不十分であるように思われるところだからである。(1)と(3)は、結局のところ、キェルケゴールが終生その中を生き続けたキリスト教的世界観・人間観の一端であり、キェルケゴールとしてはあまりにも自明のことだったので、詳細な説明が省かれたものと考えられる。なお、(2)と(4)については、(1)と(3)をしっかり理解すれば、本文のみから十分に理解可能である。

人間論と絶望（死に至る病）論：第一編AおよびB

それでは、内容の解説に入ってゆこう。まずは、第一編AおよびBの中心的部分である人間論と絶望（死に至る病）論についてである。

右で触れたように、キェルケゴールは、子どものころから慣れ親しんできたキリスト教的世界観・人間観（詳細は後述）を前提に、人間という存在について理解していた。だから、彼の人間論は、そしてそれにもとづく絶望（死に至る病）論も、当然のことながら、そのキリスト教的世界観・人間観と整合的なものになっている。キェルケゴールとしては、『死に至る病』の内容にできるかぎり普遍性を持たせるため、全体の論述の基盤をなす第一編の人間論には、またその人間論の枠内で展開する第一編の論述には、キリスト教に特有の諸概念（「（キリスト教の）神」、「罪」など）がなるべく顔を出さないようにし、できるだけ一般的な用語（「他者」、「絶望」など）で代用するように努めている。けれども、その第一編の論述は、いくら普遍性を帯びるように表面を彩色され直されているとはいえ、神がすべてを創造し維持している云々という、キリスト教もその一端をなす一神教的世界観・人間観という基本的構図を、やはり保持しているわけである。何が言いたいかというと、以下に解説してゆく第一編の人間論と絶望（死に至る病）論の多くの部分は、どれだけキェルケゴールが骨折って普遍人間学的考察の装いを施しているとしても、そもそも一神教的世界観・人間観とは無縁なわれわれの多くにとって、なかなか首肯しづらいところがある、ということだ。キェルケゴールの考えに忠実に、その上でできるだけわれわれがリアリティを持って理解できるように、彼の人間論と絶望(死に至る病)論を解説してみよう。

人間論

キエルケゴールは、第一編AのA冒頭で、およそ人間とはどのような存在であるのか、彼の理解を略述している。この人間論にもとづいて、絶望とは何か、さらには罪とは何かが規定され、そしてそれらの諸形態が描き出されてゆくので、この人間論を正確に理解することは、『死に至る病』全体の理解のために必須である。当該箇所を、以下に再掲しよう。

人間とは精神である。では、精神とは何か? 精神とは自己である。では、自己とは何か? 自己とは関係であるが、関係がそれ自身に関係する関係である。言い換えれば、自己は、関係がそれ自身に関係するという関係を、わが身に引き受けているのである。だから、自己とは、関係それ自体なのではなく、関係がそれ自身に関係することなのだ。人間は、無限性と有限性の、時間的なものと永遠なものの、自由と必然性の総合である。早い話が、人間とは総合なのである。総合とは、二つのもののあいだの関係のことだ。人間は、このように捉えられるかぎりでは、いまだ自己ではないわけである。

二つのもののあいだの関係の場合、その関係は消極的な統一としての第三者であり、〔関係がではなく〕二つのものの方が関係に関係するのであって、関係に対する関係を引き受ける。〔精神ではなく〕心という規定の下での心と身体の関係は、このような意味での関係である。それに対して、関係がそれ自身に関係する場合、この関係は積極的な統一であり、それこそが自己なのである。

それ自身に関係するこのような関係、つまり自己は、自分で自分のことを措定したか、あるいは他者によって措定されたか、そのいずれかであるはずだ。

それ自身に関係する関係が他者によって措定されたのだとすれば、その関係はもちろん〔積極的な統一としての〕第三者ではあるのだが、この関係、この第三者がやはりまた関係であり、関係全体を措定したものに関係している。

このような派生された、措定された関係が人間の自己であり、それは、それ自身に関係し、それ自身に関係するときに他者に関係する、そのような関係なのである。

この人間論は、解きほぐしてみると、階層的な三つの命題で構成されていることが分かる。

(a)人間は、無限性と有限性、時間的なものと永遠なもの、可能性と必然性(9)という、二つのもののあいだの関係(総合)である

(b)そうした二つのもののあいだの関係がそれ自身に関係するとき、人間は自己である

(c)人間は自己として他者によって措定された

これら三つの命題を正確に理解し、それらを重ね合わせることで、われわれはキェルケゴールの人間論についての理解を手にすることができる。以下、三つの命題を一つずつ解釈の俎上に載せてゆこう。

(a)人間は、無限性と有限性、時間的なものと永遠なもの、可能性と必然性という、二つのもののあいだの関係（総合）である

キェルケゴールは、まず人間を「無限性－有限性」、「時間的なもの－永遠なもの」、「可能性－必然性」という二つのもののあいだの関係（総合）として捉える。

人間とは、一つの側面から見ると、「無限性－有限性」という契機の総合として捉えることができるだろう。キェルケゴールによれば、「無限性」とは、人間の想像力が産み出す現実離れした空想のことである。「有限性」とは、逆に、人間を取り囲むあれこれの具体的な物事のことである。つまり、人間は目の前の具体的な状況から想像力によって逃避して生きることもできれば、逆に想像力を欠くことでそうした具体的な物事にすっかり埋没して生きることもできる、ということだ。

人間は、また別の側面から見れば、「時間的なもの－永遠なもの」という契機の総合と捉えることができる。『死に至る病』におけるキェルケゴールの言葉から察するに、これらは存在論的なレベルでの契機と考えられる。つまり、人間を構成しているもののことである。

早い話が、人間のうちで、時間的な生の終焉とともに消滅する一切のものが「時間的なもの」(『死に至る病』の草稿では「人間的なもの」と言われている)[10]、消滅しないものが「永遠なもの」(同じく「神的なもの」)[11]である。キェルケゴールの信念では、人間とは肉体の死によってすべてが無に帰す存在ではなく、心や身体といった時間的なものには決して還元しえない生命、いわば神的な生命、自分を内部から衝き動かす力を内包した存在なのである。

そして、人間は「可能性－必然性」という契機の総合としても捉えることができる。「必然性」は、この自分のあり方が特定の形に輪郭づけられているところに現れている。この自分は、どのような能力をどれだけ持っているか、どのような境遇のもとに生まれ育ったか、などの点で、すでに規定されており、いわば限界づけられている。そこに必然性を見出すことができるわけだ。他方で、人間は、こうした必然性による規定を受けながらも、必然性の彼方に思いを馳せることができる。そこに現れるのが「可能性」である。人間は、自分の必然性によって規定されながらも、可能性の方に目を遣り、可能性の中に希望を見出して、自由に生きてゆくことができるのだ。

キェルケゴールによれば、人間とは、ひとまず、このような二つのもののあいだの関係(総合)として存在しているのである。想像力を駆って現実離れした空想の世界に浸って生きることもできれば、自分の目の前にある具体的な現実だけに埋没して生きることもできる。死んだらすべてが無に帰す存在として生きることもできれば、自分の中に永遠に生きる何かを見出し、その部分を大切にして生きることもできる。この自分に与えられた能力や境遇という必然性に粛々と従って生き続けることもできれば、その彼方にある可能性に希望を見出して生きてゆくこともできる。人間とは、そのような存在なのである。

(b)そうした二つのもののあいだの関係がそれ自身に関係するとき、人間は自己である

まず、訳語に関して簡単に説明しておこう。ここで（あるいは『死に至る病』全体を通じて）「関係する」（「関係」）と訳したのは、デンマーク語 "forholde"（"Forhold"）である。比較的古い時代のデンマーク語の用法を収録した辞典 *Ordbog over det danske Sprog* (http://ordnet.dk/ods) によれば、キェルケゴールの時代におけるこの語の中心的な意味は、「何かに対して特定の態度や位置にある、何かに対して特定の仕方で振る舞う」である。当然のことながら日本語にはこれと完全に合致する意味を持つ語はないため、大意を捉えて「関係（する）」と訳すのが通例であり、本書でもそう訳してある。いずれにしても、本書において「関係（する）」という訳語は、何かと何かの静的な関わり合いという意味だけでなく、何かが何かに対して特定の態度をとるという動的な意味も含んでいることを理解していただきたい。

話をキェルケゴールの人間論の解釈に戻そう。命題(b)でキェルケゴールが述べているのは、まず、人間は自分が二つのもののあいだの関係（総合）として存在していることについて意識的になり、反省的になり、そしてその関係をどのように成り立たせるか、自ら関係して（態度を決して）生きることができる、ということだ。「可能性 - 必然性」という契機を

例にとって考えてみよう。人間はみな、特定の能力を生まれ持ち、特定の時代や文化、特定の境遇の下に生まれ育つ。人間は、もちろん、ここに必然性を読み取り、その限界を甘受して生き続けることができる。けれども、例えば、ある人間が、どうしようもない不幸に遭遇するとき、もう自分はこのまま生き続けることなどできないと感じるとき、その人間は、自殺するのでなければ、この必然性という限界の彼方に思いを馳せ、可能性に希望を託さざるをえないだろう。人間とは、そんなふうにして、必然性に規定されながら、その彼方の可能性も求めようとする存在なのである。そして、人間は、必然性と可能性という二つの次元を眼前にして、どのように生きるべきか――例えば、可能性という希望のことは見ないようにして必然性に回帰し、自分の苦難を耐え忍んで生きてゆくか、あるいは逆に必然性から目を背けて可能性の中に埋没し、現実逃避して生きてゆこうとするか、あるいはそれ以外か――自ら態度を決して生きてゆくことができるのである。

その上で、命題(b)でキェルケゴールが述べているのは、人間は、そのようにして二つのもののあいだの関係に関係するとき、はじめて本来的な生き方をしているのであり、その意味で「自己」として生きているのだ、ということである。人間は、自分がどのような存在か、どのように生きるべきか、とくに何も意識することなく、無反省なまま生きることもできてしまう。けれども、自分のあり方の全体について意識的・反省的になり、自分を成り立たせている契機の矛盾を見て取って、そこでどのような仕方で関係するか態度を決して生きるとき、人間は十分に自己実現して生きているのである。分かりやすく言い換えれば、生き方をめぐって思い悩み続けるところに人間の人間たるゆえんがある、ということだ。

(c)人間は自己として他者によって措定された

そして、キェルケゴールによれば、人間は、そのような自己として、他者によって、自分以外の力によって措定された。だから、自分のあり方に関心を持って自己として生きるとき、人間はその他者にも関係していることになる。

前述のとおり、人間はみな、二つのもののあいだの関係に関係し、自分の生き方について態度を決しなくてはならない。ところで——とキェルケゴールは言う——、一人一人の人間には、「このように生きるのが、この自分にとっては正しい」と言えるような特定のあり方が存在するのではないだろうか。そしてもしそうだとすれば、人間に自分の意志を向けているような他者が、何か大きな力が存在するのではないだろうか。われわれの生き方についての思い悩みにはじつは答えがあって、答えを与えてくれている存在がいる、ということである。例えば、ここに、自分の生き方について思い悩み、「可能性‐必然性」という契機を前にして態度を決しようとしている人間、自己として生きる人間がいるとする。自分の必然性(自分はこれこれの能力を手にしている)に足場を保ちながら、それでも自分の可能性(自分はその能力にこだわらずに何か別のこともできるはずだ)に自由に思いを馳せて、どのように生きるべきか思い悩むわけである。そのような局面にあって、人間は、自分のとるべき生き方にはじつは答えがある——それを知ることができるかどうかは、また別問題だ(12)——と願い求めることが、そう信じることができるだろう。だから、その答えを与えてくれている存在を想定することも、やはりできるはずだろう。そうして姿を現すのが、キェルケゴールの言う、自己を措定した「他者」なのである。

もちろん、この説明から言えるのは、せいぜいのところ、そうした他者の存在を想定できるかもしれないという程度のことであり、この説明によってそうした他者の存在が証明されるわけではない。自己を措定した他者の存在証明――それは結局のところ神の存在証明に他ならず、不条理をあえて受け入れる情熱こそが信仰の本質だと主張するキェルケゴールにとっては、じつは無意味な行いなのだが――とも読み取れるキェルケゴールの言葉を引用しておこう。先の引用のつづきの部分である。

もし人間の自己が自分で自分のことを措定したのなら、自己自身であろうとしない、自己自身を捨て去ろうとするという形態だけが問題になりえて、絶望して自己自身であろうとするという形態は問題になりえないだろう。言い換えれば、〔絶望して自己自身であろうとするという〕この公式に、関係全体の（すなわち自己の）依存性が表現されているのである。自己は、自分一人では平衡にも平安にもたどり着けないし、そんな状態でありうるものでもなく、むしろ自己自身に関係するときに関係全体を措定した他者に関係することによってのみ、そうしたことが可能なのである。このことが、この公式には表現されているのだ。

「絶望」について、その正確な意味はあとで説明するが、ここではひとまず関係としての自己における不協和と理解しておこう。自己を存立させる二つのものに、とても正しいとは言えない仕方で関係してしまっていて、調和しておらず不安定な人間のあり方のことである。自分の必然性をまったく無視して可能性の中をさまよって生きる状態は、その典型かもしれない。さて、キェルケゴールによれば、人間は、そのように二つのもののあいだの関係に不協和が生じて絶望的になるとき、かえって反抗的になり、自分の好き勝手にその関係をやりくりしてゆこうとしてしまいがちなのである（「絶望して自己自身であろうとする絶望、反抗」）。自分こそが自分の主人なのだから、自分がどう生きようと、誰に何を言われる筋合いもない、というように。だが、とキェルケゴールは言う。人間が自分のあり方をめぐってそんなふうにして反抗的な態度をとりうるということは、やはり、一人一人を特定のあり方の自己として措定している他者が存在することの現れなのではないか。少なくとも、その人間はそうした他者の存在を前提しているのではないか。これが、自己を措定した「他者」が存在することについての、キェルケゴールの言い分である。

以上が、キェルケゴールが『死に至る病』第一編AのA冒頭で略述する人間論についての解説である。まとめると、人間は無限性と有限性、時間的なものと永遠なもの、可能性と必然性という、二つのもののあいだの関係（総合）として存在していて、そうした関係に対して態度を決して関わるときに自己なのである。そして、人間は他者によって自己として措定されていて、その他者は一人一人の人間に、あるべき自己のあり方について意志を向けているのである。

絶望（死に至る病）論

キェルケゴールは、『死に至る病』第一編AのA冒頭で人間とはどのような存在であるかを右のように描き出した上で、第一編AおよびBにおいて、人間の特定のあり方を「絶望」として規定しつつ、その絶望についてさまざまな角度から考察を加えている。ここでは、キェルケゴールの言う「絶望」とはいったい何なのかを確認したい。

キェルケゴールは、本書を通じて、さまざまな形態の絶望を描き出している。じつはそれに応じて「絶望」という語はさまざまな意味合いで用いられているのだが、その本来的な意味は次の言葉に集約されている――「絶望とは、それ自身に関係する総合の関係における不協和である」。ここで「不協和」と訳したのは、デンマーク語の“Misforhold”である。前述の「関係」“Forhold”に「誤り」を意味する接頭辞“mis”が付け加わって形成された語であり、だから本義は「誤った関係」である。人間が、自らを存立させている二つのもの――無限性と有限性、時間的なものと永遠なもの、可能性と必然性――を前に、自分に向けられているはずの他者の意志を顧みることなく、好き勝手な仕方で関係してしまうことである。言い換えれば、人間は、自己を措定した他者の意志に忠実に二つのもののあいだの関係に関係して生きるとき、正しい関係を生きていて、絶望していないわけだ。付言すれば、キエルケゴールの考えでは、「絶望していることの反対は、信仰していること」であり、絶望のない正しい関係こそが信仰に他ならないのである。

では、キエルケゴールが、こうした自己における不協和をただ「不協和」と呼ぶにとどめず、「絶望」と呼ぶのは、いったいなぜなのだろう。自己における不協和のいったい何が絶望的なことなのだろうか。キエルケゴールによれば、絶望とは「死が希望となるほど危険が大きくなるときの、死ぬことすらできないという希望のなさ」のことである。ここで言う「死」とは、肉体の死のことではなく、自己としての生における死のことである。人間は肉体的な病気にどうしようもなく苦しむとき、肉体的な死を望むだろう。自己における不協和は、自己の病として、そのような肉体的な病気と類比的に捉えることができる。自分勝手に自分のあり方を定めようとする人間は、自己としての生における病を患っているのであって、それがひどくなると、自己としての生における死を望むようになる。自分の生き方についてあれこれ思い悩んで自己として生きていくなどという疲れることは、もうまっぴらごめんだ、というように。自己の病が肉体的な病気とちがうのは、肉体的な病気は死で終わらせることができるが、自己の病は死で終わらせることができない、という点である。なぜなら、人間という存在（自己）は時間的なもののみならず永遠なものも包有しているので、自己の死とは永遠なものを巻き込んだ死ということになるが、永遠なものが死ぬなどということは不可能だからだ。このように、自己における不協和とは、まったく望みのない無力な試みであるがゆえに「絶望」であり、そしてそれは、いわば永遠の生命における死、いつまでたっても終わることのない死へと至る病、「死に至る病」なのである。

キリスト教的人間論と罪（死に至る病）論：第二編A

キェルケゴールはこのように、第一編Aの冒頭で、人間という存在についての彼の理解を略述し、第一編AおよびBで、その人間論にもとづいて絶望とは何かを規定しつつ、絶望に関するいくつかの考察を行う。そして、それらを踏まえて、第一編Cで、絶望がじっさいにどのような姿をとって人間に現れうるか、絶望の諸形態を描き出してゆくのである。

さて、キェルケゴールは、第一編Cで絶望の諸形態を描きつくしたあと、死に至る病をめぐる論述を別の次元に振る。思い起こしていただきたいのだが、第一編の考察は、キェルケゴールにとっては、あくまで普遍的・非キリスト教的次元にとどまるものだった。キェルケゴールは、第一編では、特定の宗教（キリスト教）の考え方を前面化させず、誰もが納得できる次元で論述を進めたのであり、第一編の論述は普遍的に妥当するはずの人間論の枠内で展開しているのだった。キェルケゴールは、この線での論述を最後まで推し進めると、今度はキリスト教という特定の宗教の考え方を前面に持ち出して、その見地から第一編の論述全体の見直しをするのである。こうして形をとったのが『死に至る病』第二編なのである。第二編では、キェルケゴールは、まず「（キリスト教の）神の前」という概念を導入し、第一編の人間論を神の前に置いてその全体を捉え直すこと、つまりキリスト教的人間論を描き出すことから始める。正確に述べておくと、前述のとおり、キェルケゴールは第一編の人間論の叙述にあたって、すでにキリスト教的人間論を前提としていたのであって、その表面からキリスト教的諸概念をそぎ落として出来上がった、いわば普遍一神教的人間論が第一編の人間論であった。だから、第二編で描き出されるキリスト教的人間論は、第一編の人間論と矛盾するものではなく、むしろそれを補完するものなのである。また、キェルケゴールは、このキリスト教的人間論の下では、第一編で「絶望」と呼んでいた人間のあり方は、むしろ「罪」と呼ばれるべきであると指摘する（以上、第二編A）。その上で、罪の諸形態を描き出してゆくのである（第二編B）。

以下、第二編Aについて解説を行おう。

キリスト教的人間論

キェルケゴールは、第二編Aの冒頭で、第一編の人間論を、神の前という規定の下で捉え直し、それによって『死に至る病』の論述全体をキリスト教の次元に移行させる。彼の言葉を引用しておこう。

つまり、こういうことである。ここまでわれわれが取り上げてきた自己についての意識の移り変わりは、あくまで人間的な自己、言い換えれば人間をその尺度とする自己という規定に収まるものである。けれども、この自己は神に直面することで新しい質と資格を手にすることになる。そうなった自己は、もはやたんなる人間的な自己であるにとどまらず、誤解を恐れずに言えば、神学的な自己とでも呼びうるものであり、神に直面する自己である。神の前で存在していることを意識するとき、神を尺度とした人間的な自己になるとき、自己はなんという無限の現実性を手にすることだろうか！

それでは考えてみよう。人間が（キリスト教の）神に直面するとは、いったいどのようなことなのだろう。それはもちろん、第一編の人間論における自己を措定した他者を神として同定するということではある。だが、そのようにして第一編の人間論が神の前に置かれるということは、いったい何を意味するのだろうか。

このことを理解するためには、当然のことながら、そもそもキリスト教の神とはいったいどのような存在なのかを知らなくてはならない。そして、キリスト教の神がどのような存在なのかは、キリスト教の教え全体を把握することで見えてくることなので、結局はキリスト教の教えの概要を知らなくてはならない。ところで、キェルケゴールにとってのキリスト教の教えとは、デンマーク国教会のそれであり、それゆえデンマーク国教会が属するキリスト教プロテスタントのルター派の説く教えである。ルター派(13)は、神が聖霊を通じて人間に与えたことばとしての旧・新約聖書を、キリスト者の信仰と行為の唯一の、そして完全な規範としている。また、いくつかの信条・信仰告白（教義の基本の要約）を聖書に合致するものとして認めている。そこで、旧・新約聖書をベースに、キェルケゴール自身のキリスト教理解が素描されている著作『哲学的断片または一断片の哲学』を参照しつつ、ルター派が認める

「ニケア信条」および「アウグスブルク信仰告白」を重ね合わせることで、キエルケゴールの解するキリスト教の教えの概要を捉えることができる。それによって、キリスト教の神とはどのような存在なのかも理解できるはずである。

まず、「天と地と、すべての見えるものと見えないものの造り主、全能の父である唯一の神」（「ニケア信条」）が存在する。神とは「永遠の、形体のない、不可分の、無限の力と知恵と善をもつ」存在であり、「見えるものと見えないものを問わず万物の創造主、また維持者」のことである（「アウグスブルク信仰告白」第一条）。そして、「神は御自分にかたどって人を創造された」（「創世記」一・二七）。人類の始祖とされるのがアダムである（同書、二・六―七）。アダムはエデンの園におかれ、妻エバ（イブ）を与えられた。彼らは死ぬことのない存在であり、永遠のいのちを享受していた。神は、アダムに「園のすべての木から取って食べなさい。ただし、善悪の知識の木からは、決して食べてはならない。食べると必ず死んでしまう」という戒めを与えていた（同書、二・一六―一七）。ところが、アダムとイブは、蛇の誘惑に負けて、善悪の知識の木の実を食べてしまった。ここに人間は、善悪を知るようになるとともに、永遠のいのちを喪失し、エデンの園という楽園から追放されて、時の中を生きることになったのである（同書、三）。これがいわゆる「堕罪」である。「アダムの堕罪以後、自然の理によって生まれるすべての人間は罪（原罪）をもって生まれてくる。すなわち、神を畏れず、神に信頼せず、肉の欲を持っている」（「アウグスブルク信仰告白」第二条）とされる。人間は、このようにして、生まれながらに不可避的に罪を担う存在となるに至ったが、それでも神は、人間への愛ゆえに、人間を自らとの元来の正しい関係に立ち戻らせるべく、時の中に介入し、人間の前に立ち現れる。それこそが、神であり人であるという逆説的な存在、イエス・キリストである。[14]「主〔イエス・キリスト〕は私たち人間のため、また私たちの救いのために天から下」(「ニケア信条」)ったわけである。なお、「真の神でありまた真の人間であるこのひとりのキリストは、処女マリヤから生まれ」(「アウグスブルク信仰告白」第三条)たとされる。さて、こうして時の中に来たった神人キリストのことを人間は正しく認識できず、むしろその教えゆえにキリストは人間から迫害され、「真に苦しみ十字架につけられ、死んで葬られた」(同)。けれども、「これは父〔神〕をわれわれ〔人間〕と和解させ、原罪のためばかりでなく、人間が実際に犯したすべての罪のためにも、犠牲となられるためだった」のである(同)。キリストは犠牲の死によって人間の罪を償ったのであり(贖罪)、人間の罪は赦されるわけである(同、第四条)。そして、キリストは十字架上での死後三日目に復活し、「そののち、天に昇り、父〔神〕の右に坐して、永遠に統治し、すべてのつくられたものを支配し、また彼らを治め、慰め、生きかえらせ、悪魔と罪の力から彼らを守る聖霊を彼らの心に送ることにより、彼を信じる人々を、聖化なさる」(同、第三条)。そして、「この世の終わりに、キリストは審判のために現われ、すべての死者を復活させてくださるであろう。そして、敬虔な人々と選ばれた人々には、永遠のいのちと尽きない喜びとを与え、不敬虔なものと悪魔とには、果てしもない苦しみを宣告なさる」(同、第一七条)とされる。

以上が、キェルケゴールの解するキリスト教の教えの概要である。キェルケゴールの言う神とは、約言すれば、万物を創造・維持し、罪に堕ちたわれわれ人間を救うために人となり、われわれの罪を贖い、われわれの罪を赦し、そしてわれわれに審判を下す、そのような存在なのである。

第一編の人間論を神の前という規定の下で捉え直すとは、自己を措定した他者をこのような存在として認識するということである。それは、つまり、われわれ人間は罪に堕ちたがゆえに自己として（無限性と有限性、時間的なものと永遠なもの、可能性と必然性という、二つのもののあいだの関係（総合）に対する関係として）措定されているのだと認識することであり、さらに言えば、罪に堕ちたわれわれ人間を救おうとして（そしてまた裁こうとして）、神は一人一人の人間に、自己のあり方に関して特定の意志を向けているのだと認識することである。

罪（死に至る病）論

さて、キェルケゴールよれば、第一編の人間論をこのように神の前という規定の下で捉え直すとき、「絶望」が「罪」に転じるという。これはどういうことなのだろう。

自己として生きる人が、自分は神の前にあるということを本当に認識するとき、その人にはどのような変化が生じるだろうか。自分を存立させる諸々の契機の関係に対して態度を決して生きている人間が、自分はよく分からない他者によってではなく、神によって措定されていて、だから神の意志がこの自分にも向けられているにちがいないのだと認識するとき、その人間は、自己として、それまでとはまったく別様に意味づけられた世界を生きることになるだろう――「私はもともと神との正しい関係にあって、永遠のいのちを享受していた。罪によって神から離反してしまって、今ではこうして自己として時間的な生を生きている。神はなおこの私を愛してくださっていて、その救いが私に向けられているという。私は、その救いにふさわしく生きれば、永遠のいのちと尽きない喜びを得ることができるだろう。でも、もしその救いをないがしろにしてしまうなら、果てしない苦しみを味わう羽目になる。だから、私は、どうしてもこの自分に向けられているはずの神の意志を探し求め、それに忠実に、自己として生きなくてはならない」というように。

第一編で、絶望とは何かを見た。それは関係としての自己における不協和のことであり、自己を措定した他者の意志をないがしろにし、自分勝手に自分のあり方を定めようとする状態のことだった。第二編に至って、キェルケゴールは、その他者とはじつは神に他ならないことを明かす。右の叙述からうかがい知れるように、自己として生きる者が、自分を自己として措定した存在を神と認識するとき、自己における不協和は絶望という心理学的な範疇には収まりきらなくなってくるだろう。自己における不協和は、自分に向けられている神の意志をないがしろにすることであり、神が愛ゆえに自分を罪から救おうとしているという事実をないがしろにし、自分を果てしない苦しみにもたらしてしまうものなのだ。だから、神の前にある人間にとって、自己における不協和とは「絶望」というより、むしろ「罪」なのである。神の前という規定の導入によって、絶望は罪にその質を転じるのだ。

　このように、キェルケゴールは第二編Aにおいて、第一編の人間論を神の前という規定の下に捉え直し、キリスト教的人間論を描き出して、絶望が罪にその質を転じることを指摘する。その上で、第二編Bにおいて、罪がどのような形態で人間に現れうるか、罪の諸形態を描き出してゆくのである。

　キェルケゴールは、『死に至る病』において、以上のような仕方で、理想的キリスト者（医者）の立場から、読者に対して、絶望・罪という死に至る病を患う病人という診断を下すのである。キェルケゴールの目論見では、読者は、絶望している、あるいは罪を犯している自分の姿を、この書のどこかに見出すはずなのである。


絶望・罪（死に至る病）から信仰（治療）へ

キェルケゴールが『死に至る病』で絶望・罪（死に至る病）の診断を行う目的は、その治療にこそあった。キェルケゴールは、例えばこんなふうに述べている――「この書全体において、私は信頼できる航路標識にしたがって舵をとるように、信仰にしたがって舵をとっている」。『死に至る病』の守備範囲はあくまで絶望・罪（死に至る病）の診断ではあるが、『死に至る病』の内容についての解説の最後に、いったいどのような次第で、診断を下された死に至る病人（絶望者・罪人）は、その治療（信仰）を求めるのか、つまり『キリスト教の修練』に手を伸ばすのか、キェルケゴールの考えを確認しておきたい。

『死に至る病』によれば、信仰とは、絶望が根こそぎにされた状態のことである。それは、言い換えれば、「自己が、自己自身に関係するとき、そして自己自身であろうとするとき、自己を措定した力に透明に基礎を置いている」ことである。人間が自分を存立させている二つのもののあいだの関係に関係するときに、自己を措定した力、すなわち神の意志に忠実になろうとすることである。かいつまんで言えば、生き方についての思い悩みの中で、この自分に向けられているはずの神の意志に耳を澄ませ、それを体現しようとすることだ。

キェルケゴールは、絶望・罪という、いわばネガティヴなあり方それ自体のうちに、その克服の条件を見出していると言える。「絶望が信仰への最初の契機」ということである。自分が神の意志からどれだけ離れてしまっているか、自分の生き方がどれだけ絶望的で罪なのか――そのような認識が、神の意志を探し求めて生きることへの原動力になるということである。というより、そのような認識がなければ、そもそも人間は神の意志を探し求めるなんてことはしないだろうということだ。自己の悲惨な状態――どこにも確固とした支えがなく、どこまでも不安定で、何の救いも見当たらない状態――を味わうことで、人間は自己の救いとしての神の愛を見出し、自分に向けられているはずの神の意志を信じて、それを探し求めるのである。神の意志に忠実に生きているという絶対的な安心感を勝ち取るために。キェルケゴールはこう言っている。「そうした無限性〔自分が神の前に存在するという意識〕を手にするには、絶望を通ってゆくより他に仕様がないのだ」[15]。

三　信仰者キェルケゴールと『死に至る病』

ここまで、著作家キェルケゴールが『死に至る病』を執筆し、世に送り出した意図を明確にした上で、その意図の実現のために『死に至る病』がどのように構成されているかという観点から、その内容について解説を行ってきた。『死に至る病』の解説の最後に、信仰者キェルケゴールと『死に至る病』の関係について触れておきたいと思う。自らの救いを求めて思索と苦闘に明け暮れた信仰者キェルケゴールが著作家として読者を信仰へ導こうとして執筆したのが著作であり、『死に至る病』は彼の後期著作活動の一環だった。ここで考えたいのは、キェルケゴール自身の信仰のあり方をめぐる思索と苦闘は、彼の読者向けのメッセージである『死に至る病』と、どのような仕方で関係しているのか、ということである。

以下では、まず自らの信仰のあり方をめぐるキェルケゴールの思索と苦闘の歩みを、ごく簡単にまとめてみたい(16)。その上で、信仰者キェルケゴールと『死に至る病』の関係について考えてみよう。

信仰者キェルケゴールの歩み

キェルケゴールは、幼いときから父親による厳格なキリスト教教育を受けて育った。物心つくかつかないかのうちから、人間の罪深さや神による救いというキリスト教の教えの本質と否応なしに向き合わされ、その結果、自分のこの人生は、この世のいろいろな物事を享受するためにあるのではなく、むしろ死後に永遠のいのちと尽きない喜びを享受するためにこそあるのだと信じるようになった。つまり、幼くして、ごくふつうの人のようにこの世の物事を全面的に享受して生きることができなくなってしまったのであり、いついかなるときでも神や永遠、罪や救いに思いを致さずにはいられなくなってしまったのである。キェルケゴールは、幼少期以降、自己としての自分のあり方にたえず反省的になって生きざるをえず、そうして自分のどうしようもない罪深さを痛感してはため息をもらして憂愁に沈み、その結果、他の人たちとの開かれた交わりを避けるようになって、自分の殻に閉じこもり続けた。そして、青年期のあるときから、いつかこうした反省的状態を脱して、この世の物事を全面的に享受して生きる直接性という状態に転じたいと――罪の赦しを受けて「反省のあとの直接性」という信仰の境地に到達したいと――願うようになった。彼は、自分に向けられているはずの神の意志が、自分を「反省のあとの直接性」へ導こうとしてはいまいか、その可能性を探り続けたのである。

だが、キェルケゴールは、一八四八年、まさに『死に至る病』を執筆していたその時期に、「反省のあとの直接性」の自分にとっての不可能性を認識するに至る。キェルケゴールは、自分に向けられている神の意志が「反省のあとの直接性」を指し示しているとは、どうしても確信できなかった。むしろ、ほとんどの人間は神の意志を確信的に捉えることなどできっこないと認識するに至るのである。神の意志を直接身に受ける人間もいるにはいる。使徒がそうだ。だが、使徒ではない人間にとって、それゆえキェルケゴールを含むほとんどの人間にとっては、神の意志はどこまでいっても不確かなままであり、信仰——神の意志に忠実な生——とは、結局のところ「自己への無限の関心」として表現されるしかない。人間は、自分が自己としてどのように生きてゆくべきか、自分に向けられているはずの神の意志はどこにあるのか、不確かな不安の中を、それでも絶望せずに手探りし続けるしかないのである。

キェルケゴールは、一八四八年のこの時期以降、このような信仰の中を生きてゆくのである。自分に向けられているはずの神の意志について、自分が生きるべき生き方について、何らかの確信を手にするなどということはありえない。それでも、ごくわずかなヒントを手がかりに神の意志を探し求め続け、生き続けるしかないのだ。キェルケゴールは、自分が必然性（自分の能力や境遇）に導かれて生きてきて、そして今、著作家として「完結全書」（『死に至る病』および『キリスト教の修練』など）を執筆しているという事実をじっと見つめる。そこに神の意志を感じ取るのである。この「完結全書」を出版すること——それは、これらの書が描き出す理想性ゆえに、それを忘失しているデンマーク国教会に対する痛烈な批判となりうる——に、自分に向けられているはずの神の意志があるのではないか。こうして、キェルケゴールは、前述のように多少のためらいはあったものの、意を決して、本来的なキリスト教のあり方を見失い堕落した（と彼の目には映った）デンマーク国教会との全面的な対立、最晩年のいわゆる教会闘争へと、おそれおののきながら突き進んでゆくのである。つまり、教会闘争とは、キェルケゴールにとって、彼が「自己への無限の関心」を表現していることの証だったのであり、それゆえ彼の信仰の証だったのである。

信仰者キェルケゴールと『死に至る病』

それでは、このような信仰者キェルケゴールという見地から、改めて『死に至る病』を眺めてみよう。信仰者キェルケゴールと『死に至る病』の関係については、大きく分けて二つのことが言えると思われる。

一つ目は、信仰者キェルケゴールの姿が『死に至る病』の内容に色濃く反映されている、ということである。キェルケゴールが自らの信仰のあり方をめぐる思索と苦闘の歩みの中で用いた諸概念——「閉じこもり」、「憂愁」、「反省」、「直接性」など——が『死に至る病』にも顔を出しているのは、その一端である。また、『死に至る病』で描き出されている絶望・罪の諸形態の多くは、彼自身が実際に体験したと考えられるものである。例えば、キェルケゴールは、青年時代のある時期、子どものころから自分に否応なくまとわりついてきたキリスト教からなんとか離れ去ろうとして放蕩の生活を送ったことがある。[17]おそらく、このときの彼の状態が、『死に至る病』における罪の極致「キリスト教を『積極的に』廃棄し、虚偽であると宣言する罪」である。信仰者キェルケゴールの姿の『死に至る病』の内容への反映については、他にもいろいろなことを指摘することができる。前述のように、キェルケゴールは、まず信仰者キェルケゴールとして生き、その上で著作家としても活動したというのが実情である以上、『死に至る病』(あるいは他の多くの著作)の内容に彼自身の姿を見出すことができるのは、当然と言えば当然である。

そして、二つ目は、自らの信仰のあり方をめぐるキェルケゴールの思索と苦闘の歩みの中で、『死に至る病』という著作の執筆と出版が非常に重要な意味を持っていた、ということである。繰り返し述べてきたように、『死に至る病』とは、理想的キリスト者像の提示を戦略とする後期著作活動の一環だった。理想的キリスト者アンチ・クリマクス(医者)の視点から、ほとんどの人間を、治療を必要としている絶望者・罪人と診断し、『キリスト教の修練』による治療へ引き渡すものである。『死に至る病』は、このような内容であるがゆえに、絶望と罪の温床になっているキリスト教界への、それを司るデンマーク国教会への痛烈な批判を必然的に内包する。そのような著作を出版することは、キェルケゴールが時のデンマーク最大の宗教的権力に公然と刃向かうことを意味し、後戻りのきかない大きな決断を要する行為だった。それでも、自分の自己のあり方に無限に関心を払い続けるキェルケゴールは、迫害を覚悟の上で『死に至る病』などを出版し、デンマークのキリスト教を改正することに、自分に向けられているはずの神の意志を感じ取ったのである。だから、『死に至る病』を執筆し、それを出版するという行為は、キェルケゴールにとって、信仰の証の一端だったのである。

注

（1）　キェルケゴールの著作の執筆時期および刊行の年月については、以下の論文を参考にした。Alastair McKinnon and Niels J. Cappelørn, "The Period of Composition of Kierkegaard's Published Works", *Kierkegaardiana*, Vol. IX, 1974, pp. 133-146.

（2）　AA:12 (*SKS* 17, 24). ただし、「ギレライエの手記」はじつはキェルケゴールによる文学的創作の一環ではないか、という見解がある。詳細は Henning Fenger, *Kierkegaard-Myter og Kierkegaard-Kilder*, Odense: Odense Universitetsforlag, 1976, Kapitel 4 参照。

（3）　NB6:62 (*SKS* 21, 45-46) 参照。

（4）　NB4:152 (*SKS* 20, 357) 参照。

（5）　*Søren Kierkegaards Skrifter*, bd. 1-28, K1-28, udg. af Niels Jørgen Cappelørn, Joakim Garff, Anne Mette Hansen og Johnny Kondrup, København: Søren Kierkegaard Forskningscenteret og G. E. C. Gads Forlag, 1997-2013.

（6）　ここでは「著作」に、未完の作品（*SKS* 第一五巻と第一六巻（計五五四頁））も含めている。また、「日記」には、ばらばらの紙片への書き込み（*SKS* 第二七巻（計六九八頁））も含めている。なお、キェルケゴールが書き残したものの種類と分量についての詳細は、拙編訳『キェルケゴールの日記――哲学と信仰のあいだ』講談社、二〇一六年、三―四頁参照。

（7）　NB4:76 (*SKS* 20, 324) 参照。

（8）　NB8:15 (*SKS* 21, 151) 参照。

（9）　キェルケゴールは、再掲した引用の中では、総合としての人間を成り立たせる契機として、「無限性と有限性」、「時間的なものと永遠なもの」と並んで、「自由と必然性」を挙げている。だが、彼は、その後、この「自由と必然性」を「可能性と必然性」に置き換えて論述を行っている。「自由」とは、「可能性と必然性という規定における弁証法的なもの」であり、「可能性と必然性」という契機が対置されるところに現れてくる概念なので、総合としての人間を成り立たせる契機としては「可能性と必然性」が正確である。そこで、キェルケゴールの意を酌んで、ここでは「自由と必然性」を「可能性と必然性」と読み替えて考察を行いたい。

(10)『死に至る病』の草稿 *Pap.* VIII2 B 168[6] 参照。

(11)前注と同じ個所参照。

(12)キェルケゴールは、信仰者として、まさにその答えを求めて思索と苦闘を重ねた。信仰のあり方をめぐるキェルケゴールの内面的ドラマについての詳細は、前掲『キェルケゴールの日記』を参照のこと。

(13)以下に記すルター派の教義は、デンマーク国教会および日本福音ルーテル教会の表明する信仰観の要旨である。叙述にあたっては、それらの教会のウェブサイト(http://www.folkekirken.dk/ および http://www.jelc.or.jp/index.html)を参考にした。

(14)『哲学的断片または一断片の哲学』大谷愛人訳、『キルケゴール著作集』第六巻、白水社、一九六三年、八〇頁以下。

(15)哲学者ウィトゲンシュタイン(Ludwig Wittgenstein)(一八八九―一九五一年)の言葉を借りれば、この安心感とは「神の御手の中にあるとき安全だと感じる」こと、「絶対に安全という経験」のことである(『倫理学講話』杖下隆英訳、『ウィトゲンシュタイン全集』第五巻、大修館書店、一九七六年、三九一頁)。

(16)詳細は、前掲『キェルケゴールの日記』参照。

(17)前掲『キェルケゴールの日記』六〇―六五頁参照。

訳者あとがき

キェルケゴールの著作の書き方は、ひどく直感的である。あるとき、書きたいことが頭の中におぼろげに形を取り始める。それを日記などに簡潔に書きとめると、すぐに執筆に取りかかる。著作全体としての体系性や整合性などについてはほとんどお構いなしにひたすら筆を走らせ、一通り書き上げてしまう。書き上げたあとようやく少し落ち着いて全体を見直し、体系性や整合性などにいくらか配慮して手を加え、原稿を完成させる。着想から原稿の完成まで、ほんの数ヵ月といったところだ。

「キェルケゴールほどの名高い思想家が……」という幻想を抱いて彼の著作に触れる人は多い。かくいう訳者もかつてはその一人だった。キェルケゴールほどの名高い思想家は計算し尽くされた著作を書き上げたはずであり、だから彼の著作に多少分かりにくいと思われるところがあるとしても、それはあくまで読者の読解力のせいであり、キェルケゴールに非はないのだ、と。

だが、彼の著作やその原稿、また日記をある程度読みこなしてみると、前述のような事情がだんだん分かってきて、彼の著作の読解に苦戦するとしても、多くの場合じつは非は自分にはなかったのだということを知る。彼の著作は体系性や整合性に欠ける。話はたびたび本筋からそれるし、用いられる概念の規定が曖昧なままであることも多い。さらにいえば、彼が好んで使う比喩的表現が的外れであることも、ちょくちょくある。本書『死に至る病』もこのそしりを免れない。

それでも、である。それでも彼の著作にはやはり読むだけの価値がある——ずっとそう確信していた。そしてその理由が、ようやく自分の中ではっきりしてきた。彼の日記を繙《ひもと》いてみるとよく分かるのだが、キェルケゴールという人は、明けても暮れても（この表現には何の誇張もない）自分の信仰のあり方について思い悩んでいた。自分が生まれて生きていることに違和感を覚えながら、自分の生の意味を、自分に向けられているはずの神の意志を探し求めて、必死に考え続け、そして生き続けたのである。結局、彼の著作を通じて、われわれはそのような彼の深みに触れることができるのだと思う。彼の著作が体系性や整合性とはほとんど無縁だとしても、断片的な考察の一つ一つに、それを生み出さずにはおれなかった彼の実存的な思索が、彼の途方もない真剣さが凝縮されているのだ。

『死に至る病』を翻訳しながら、そんなことを考えた。

講談社学術文庫から『死に至る病』の新訳を、という話は、講談社の互盛央氏からいただいた。（比較的）若い世代の手による古典の新訳を学術文庫のラインアップにそろえ、新しい時代の新しいスタンダードを作ってゆきたい、という氏のヴィジョンに共鳴し、微力ながら協力させていただいた次第である。ともすれば硬直になりすぎるきらいのあった訳文を的確に手直しし、そうして本書にいわばキェルケゴールの生気を吹き込んだのは、互氏に他ならない。心から感謝申し上げたい。

翻訳にあたっては、桝田啓三郎訳（『死にいたる病』ちくま学芸文庫、一九九六年（初出は一九六三年））と山下秀智訳（『死に至る病』、『キェルケゴール著作全集』第一二巻、創言社、一九九〇年）を参考にさせていただいた。両氏の仕事に敬意を表したい。

最後に、本書に関連する研究は、ＪＳＰＳ科研費１６Ｋ１６７０４の助成を受けたことを記しておく。

二〇一七年二月

鈴木祐丞

KODANSHA

The translation is based upon Kierkegaard's pseudonymous book *Sygdommen til Døden*, published by the Søren Kierkegaard Research Centre in *Søren Kierkegaards Skrifter*, vol. 11, Copenhagen: G. E. C. Gad's Publishers 2006, pp. 113-242

The explanatory notes are authored by Tonny Aagaard Olesen and published by the Søren Kierkegaard Research Centre in *Søren Kierkegaards Skrifter*, vol. K11, Copenhagen: G. E. C. Gad's Publishers 2006, pp. 179-250

*本書は、講談社学術文庫のための新訳です。

セーレン・キェルケゴール
1813-55年。デンマークの哲学者。実存主義哲学の祖とも位置づけられ，膨大な著作と日記を残した。代表作は，本書のほか，『あれか，これか』（1843年），『不安の概念』（1844年）。

鈴木祐丞（すずき　ゆうすけ）
1978年生まれ。現在，秋田県立大学助教。専門は，宗教哲学。著書に『キェルケゴールの信仰と哲学』，編訳書に『キェルケゴールの日記』がある。

講談社学術文庫

定価はカバーに表示してあります。

死《し》に至《いた》る病《やまい》

セーレン・キェルケゴール
鈴《すず》木《き》祐《ゆう》丞《すけ》 訳

2017年４月10日　第１刷発行
2024年８月20日　第７刷発行

発行者　森田浩章
発行所　株式会社講談社
東京都文京区音羽 2-12-21 〒112-8001
電話　編集（03）5395-3512
販売（03）5395-5817
業務（03）5395-3615

装　幀　蟹江征治
印　刷　株式会社広済堂ネクスト
製　本　株式会社国宝社
本文データ制作　講談社デジタル製作

ISBN978-4-06-292409-2

「講談社学術文庫」の刊行に当たって

これは、学術をポケットに入れることをモットーとして生まれた文庫である。学術は少年の心を養い、成年の心を満たす。その学術がポケットにはいる形で、万人のものになることは、生涯教育をうたう現代の理想である。

こうした考え方は、学術を巨大な城のように見る世間の常識に反するかもしれない。また、一部の人たちからは、学術の権威をおとすものと非難されるかもしれない。しかし、それはいずれも学術の新しい在り方を解しないものといわざるをえない。

学術は、まず魔術への挑戦から始まった。やがて、いわゆる常識をつぎつぎに改めていった。学術の権威は、幾百年、幾千年にわたる、苦しい戦いの成果である。こうしてきずきあげられた城が、一見して近づきがたいものにうつるのは、そのためである。しかし、学術の権威を、その形の上だけで判断してはならない。その生成のあとをかえりみれば、その根は常に人々の生活の中にあった。学術が大きな力たりうるのはそのためであって、生活をはなれた学術は、どこにもない。

開かれた社会といわれる現代にとって、これはまったく自明である。生活と学術との間に、もし距離があるとすれば、何をおいてもこれを埋めねばならない。もしこの距離が形の上の迷信からきているとすれば、その迷信をうち破らねばならぬ。

学術文庫は、内外の迷信を打破し、学術のために新しい天地をひらく意図をもって生まれた。文庫という小さい形と、学術という壮大な城とが、完全に両立するためには、なおいくらかの時を必要とするであろう。しかし、学術をポケットにした社会が、人間の生活にとってより豊かな社会であることは、たしかである。そうした社会の実現のために、文庫の世界に新しいジャンルを加えることができれば幸いである。

一九七六年六月

野間省一

西洋の古典

2566
全体性と無限
エマニュエル・レヴィナス著／藤岡俊博訳
特異な哲学者の燦然と輝く主著、気鋭の研究者による渾身の新訳。二種を数える既訳を凌駕するべく、原書のあらゆる版を参照し、訳語も再検討しながら臨む。次代に受け継がれるスタンダードがここにある。
電P

2568
イマジネール
想像力の現象学的心理学
ジャン＝ポール・サルトル著／澤田　直・水野浩二訳
「イメージ」と「想像力」をめぐる豊饒なる考察――ブランショ、レヴィナス、ロラン・バルト、ドゥルーズなどの幾多の思想家に刺激を与え続けてきた一九四〇年刊の重要著作を第一級の研究者が渾身の新訳！
電P

2569
ルイ・ボナパルトのブリュメール18日
カール・マルクス著／丘沢静也訳
一八四八年の二月革命から三年後のクーデタまでの展開を報告した名著。ジャーナリストとしてのマルクスの舌鋒鋭くもウィットに富んだ筆致を、実力者が達意の日本語にした、これまでになかった新訳。
電P

2570
レイシズム
R・ベネディクト著／阿部大樹訳
レイシズムは科学を装った迷信である。人種の優劣や純粋な民族など、存在しない――ナチスが台頭しファシズムが世界に吹き荒れた一九四〇年代、『菊と刀』で知られるアメリカの文化文類学者が鳴らした警鐘。
電P

2596
イミタチオ・クリスティ
キリストにならいて
トマス・ア・ケンピス著／呉　茂一・永野藤夫訳
十五世紀の修道士が著した本書は、『聖書』についで多くの読者を獲得したと言われる。読み易く的確な論しに満ちた文章が、悩み多き我々に安らぎを与え深い瞑想へと誘う。温かくまた厳しい言葉の数々。
電P

2677
我と汝
マルティン・ブーバー著／野口啓祐訳（解説・佐藤貴史）
経験と利用に覆われた世界の軛から解放されるには、全身全霊をかけて相対する〈なんじ〉と出会わねばならない。その時、わたしは初めて真の〈われ〉となるのだ――。「対話の思想家」が遺した普遍的名著！
電P

西洋の古典

2700
方法叙説
ルネ・デカルト著／小泉義之訳

われわれは、この新訳を待っていた——デカルトから出発した孤高の研究者が満を持してみずからの原点に再び挑む。『方法序説』という従来の邦題を再検討に付すなど、細部に至るまで行き届いた最良の訳が誕生！ 電P

2701
永遠の平和のために
イマヌエル・カント著／丘沢静也訳

哲学者は、現実離れした理想を語るのではなく、目の前の事実から出発していかに「永遠の平和」を実現できるのかを考え、そのための設計図を描いた——従来の邦訳が与えるイメージを一新した問答無用の決定版新訳。 電P

2702
国民とは何か
エルネスト・ルナン著／長谷川一年訳

「国民の存在は日々の人民投票である」という言葉で知られる古典を、初めての文庫版で新訳する。逆説的にもグローバリズムの中で存在感を増している国民国家の本質とは？ 世界の行く末を考える上で必携の書！ 電P

2703
個性という幻想
ハリー・スタック・サリヴァン著／阿部大樹編訳

対人関係が精神疾患を生み出すメカニズムを解明し、いま注目の精神医学の古典。人種差別、徴兵と戦争、プロパガンダ、国際政治などを論じ、社会科学の中に精神医学を位置づける。本邦初訳の論考を中心に新編集。 電P

2704
人間の条件
ハンナ・アレント著／牧野雅彦訳

「労働」「仕事」「行為」の三分類で知られ、その絡み合いの中で「世界からの疎外」がもたらされるさまを描き出した古典。はてしない科学と技術の進歩の中、人間はいかにして「人間」でありうるのか——待望の新訳！ 電P

2749
宗教哲学講義
G・W・F・ヘーゲル著／山﨑　純訳

ドイツ観念論の代表的哲学者ヘーゲル。彼の講義は人気を博し、後世まで語り継がれた。西洋から東洋までの宗教を体系的に講じた一八二七年の講義に、一八三一年の講義の要約を付す。ヘーゲル最晩年の到達点！